중드 읽어주는 여자
왜 우리는 정해진 길을 가야 하죠?

저자 한영운

중드 읽어주는 여자
(왜 우리는 정해진 길을 가야 하죠?)

발행일	2025년 01월 05일
지은이	한영운
발행처	우먼더스토리
출판등록	제2023-000314호
	(2023년 09월 21일)
주소	서울특별시 강남구 테헤란로 82길 15
	(디아이타워), 617호
대표전화	010-9636-7859
이메일	moji66@daum.net
ISBN	979-11-94441-01-4

주문처: 도서출판 수선재(협력사)
0507-1472-0328 /fax 02-6918-6789 /ssjpress@naver.com

ⓒ 한영운 2025
본 책 내용의 전부 또는 일부를 재사용하려면
반드시 저작권자의 동의를 받으셔야 합니다.

프롤로그: 초월하는 여자들

모파상의 〈여자의 일생〉은 꿈 많고 순수했던 여인이 결혼 이후 겪게 되는 온갖 고통과 시련을 다룬 이야기다. 만약 제목처럼 여자의 일생이 저렇게 된다면 누가 감히 결혼을 꿈꿀 수 있을까? 지금의 여성들은 사회진출 기회가 많아지고 노력에 따라 사회적 지위와 경제적 부도 이룰 수 있는 세상에 살고 있다. 그러나 여전히 여성이란 이름으로 차별받고 부당한 대우를 받는 것도 간과할 수 없는 사실이다.

동서고금 어느 시대를 막론하고 여성들은 어머니, 딸, 아내라는 이름으로 살아왔다. 이 이름들이 가진 의미를 중국 드라마에서 꺼내고 싶었다. 왜 굳이 중국 드라마냐고 묻는다면 그들은 오랜 역사를 기반으로 두고 있기 때문이다. 역사에 비례해 다양한 소재가 주는 재미는 여성들의 삶을 엿보는데 한층 흥미를 유발한다. 더욱이 같은 동양 문화권만이 가질 수 있는 감정적 동질성도 한 축의 의미를 차지한다.

우리는 드라마를 보며 울고, 웃고 화도 낸다. 어쩌면 나의 이야기 같기도 한 부분에 감정 이입되는 것이다. 드라마는 우리들 삶의 이야기다. 어쩌면 어머니가 혹은 내가, 언젠가 나의 딸이 살아

넬 세상에 관한 이야기를 시청한다. 이제부터 영상이 아닌 글로 담아낸 <중국 드라마 읽어주는 여자>를 즐기시길 바란다.

중국 드라마는 일명 중드라 불린다. 내가 어쩌다 중드의 매력에 빠져들었는지 생각해 본 적이 있다. 무엇보다 그들이 가진 역사적 자료와 시대의 다양성에 있다. 넘쳐나는 자료와 막대한 자본으로 시대마다의 복식, 음식, 건축물 등을 다채롭게 재현해 내며, 보는 재미를 선사한다. 그 중, 우리의 사극과 비슷한 고장극이 특히 재미있다. 고장극은 말 그대로 고전 복장의 줄임말이다. 옛날 옷을 입고 촬영한 드라마를 말한다. 이 책에서도 고장극만을 선정해서 구성했다.

한때, 일부 지인들은 중드를 보는 내게 친중 성향의 사대주의를 가진 사람인 듯한 시선을 보내기도 했다. 여전히 중드 이야기를 나누는 사람은 손에 꼽을 만큼 적지만 예전보다는 나아진 상태다. 중드를 좋아하는 마니아들이 점점 늘어나는 추세다.

중드의 또 다른 매력은 폭넓은 배우층에 있다. 예전의 중국 배우 하면 성룡, 주윤발, 유덕화, 장국영, 임청하 정도가 유명했다. 그러나 요즘은 연기력과 빼어난 외모를 가진 배우들이 넘쳐난다. <금의지하>, <주생여고>의 임가륜 배우, <진정령>의 샤오잔과 왕이보, 〈차시천하〉의 양양. 이 밖에도 왕학체, 성의, 라운희 등 쟁쟁한 배우들이 이름을 올린다. 말하다 보니 남자 배우들만 거론됐는데 여자 배우들도 만만치 않다. 〈녹비홍수〉의 조려영, 〈금의지하〉의 담송운, 〈삼생삼세십리도화〉의 양미, 〈향밀침침신여상〉의 양쯔 배우. 천년돌이라 불리는 쥐징이와 연기파 백록, 디리러바 등이 손에 꼽힌다.

중드에는 '선협물'이라는 장르가 있다. 신선들이 등장하는 이야기다. 우리가 아는 신선은 백발에 흰옷을 입고 금도끼 은도끼를 주러 연못에서 나오는 할아버지 정도였다. 선협물의 세계관은 도교에 기원을 두고 있다. 도교의 다양한 신들이 등장하며 선계, 인간계, 마계 등이 구분 지어져 권선징악의 내용을 주로 다룬다. 신선들이라서 차별이 없을 거라 생각하지만, 이들도 상하 등급이 명확히 나뉜다. 우리가 아는 선녀는 신선 등급에 끼지도 못한다. 기회가 된다면 선협물로만 이루어진 작품을 분석해 보고 싶다. 이 책에서 넘치는 자료와 폭넓은 배우층을 가진 중드를 단순한 드라마가 아닌 여성들의 삶을 조명해 보는 기회로 삼게 되길 바란다.

중드 읽어주는 여자
왜 우리는 정해진 길을 가야 하죠?

저자 한영운

우먼더스토리

작가 한영운

문학이 막연히 좋아서 문예 창작을 전공했다. 인생의 긴 시간, 내 멋에 취해 글을 써왔다. 현재 차곡차곡 퇴적해 둔 화석 같은 글들과 새로운 갈망으로 다시 쓰는 글들을 뒤섞어 세상에 내놓는 중이다. 〈나의 중드 이야기〉, 〈기타 초보를 위한 매우 적극적인 안내서〉 등 에세이를 출간했다. 브런치에 글을 연재하며 소통의 즐거움을 느끼며 글을 쓴다.

목 차

프롤로그: 초월하는 여자들   3

1부 모성   11
  1. 두 번째 어머니를 만나다   13
  2. 어머니의 이름으로   23
  3. 너의 엄마가 되어 줄게   35
  4. 너무나 지키고 싶은 것들   43

2부 우정   53
  5. 3인 3색 친구들   55
  6. 처첩들의 고군분투 우정기   69
  7. 어제는 원수, 한때는 지기   81

3부 성장　　　　　　　　　　　97

　8. 가문을 살린 미운 오리 새끼　　　99

　9. 천하제일침에 대한 열망　　　111

　10. 페이스오프라도 해야 했다　　127

　11. 여자 송사는 처음이지?　　　141

4부 사랑　　　　　　　　　　　155

　12. 현생까지 이어지는 사랑이란　157

　13. 시공 초월, 사랑 만들기　　　169

　14. 선 결혼, 후 연애　　　　　　179

[부록] 드라마 기본 정보　　　　191

1부 모성

1. 두 번째 어머니를 만나다

성한찬란(星漢燦爛)

자녀도 언젠가 어른이 되기 마련이고
부모는 아이들이 커가는 걸 묵묵히 지켜볼 뿐이죠.
자녀 옆에서 평생 지켜줄 수도 없으니,
인생의 남은 길은 결국 혼자서 걸어가야 해요.

- 성한찬란 中 -

엄마와 딸의 거리는 몇 센티? 몇 미터?

요즘 이런 말을 자주 듣는다.

"넌 딸 없어서 앞으로 어떻게 하냐?"

애초에 있지도 않은 딸이 미래에도 없음을 걱정해야 하는 지경에 이르렀다. 도대체 딸이란 엄마에게 어떤 존재이길래 이런 말들을 하는 걸까? 엄마와 딸의 관계는 하늘이 맺어준 가장 가까운 사이이면서, 애증이 난무하는 사이다. 너무 가깝기에 서로에게 쉽게 상처를 입힐 수 있는 그런 관계. 나도 엄마의 딸이다.

〈성한찬란〉을 첫 작품으로 다룬 특별한 이유는, 가장 가깝다는 모녀 관계가 물리적으로 오랫동안 떨어져 지낸 시간을 어떻게 극복하는지, 함께 생각해볼 여지가 있을 것 같아서이다.

이 작품은 딸이 엄마와 떨어졌다가 15년 후 재회하는 상황으로 설정돼있다. 주인공 소상의 부모님은 그녀가 아기 때 전장으로 나갔고 부모는 항상 부재 중인 셈이었다. 그녀는 엉뚱하지만 영리한 소녀였으며 이 집에서 천덕꾸러기 취급을 받으며 자란다. 둘째 숙모의 계략으로 할머니마저 어린 소상을 구박하고 방임한다. 둘째 숙모는 아들과 잘난 남편을 둔 소상의 어머니에게 콤플렉스를 가지고 있었다. 그녀는 그 화를 어린 소상에게 쏟아부은 것이다.

소상은 살아남기 위해 영악해진다. 제대로 된 어른도 없어서 예의도 배우지 못한다. 마치 야생의 늑대 소년처럼 천방지축으로 자란다. 그녀는 전장에서 부모님이 집에 돌아오자, 관심을 받기 위해 약한 척, 아픈 척 연기를 한다. 소원의는 자기 딸을 두고 "내가 걱정하는 건 멋대로 자란 소상이다. 다시 바로잡기 힘들 테니 이제라도 엄하게 다스려 못된 버릇을 고쳐놓을 거다."라며 매정하게 대한다. 소원의는 무슨 이유로 딸에게 전장의 병사처럼 규율을 강조했던 것일까? 아니면 과정 없는 결과만을 바랐던 것일까?

소상에겐 따뜻한 사랑과 시간이 필요했을 뿐이다. 모녀 사이에는 냉랭한 기류가 흐르며 어머니와 딸의 사이는 점점 벌어진다. 모녀는 서로에게 상처 되는 말과 행동으로 일관한다. 소상에게 가해진 어머니의 엄격함은 오히려 둘의 관계에 독이 될 뿐이었다.

이런 냉정한 어머니의 모습은 정씨 가문이 새집으로 이사를 한 날 에피소드에서 적나라하게 드러난다. 소상이 일찍부터 움직여 피곤하다고 하니 소원의는 조카인 정앙과 사사건건 비교하며 소상에게 핀잔을 준다. 반면 정앙은 세심히 챙겨주고 다정하게 대해 준다. 소원의는 이해하기 힘들 정도로 소상에게 잘잘못을 따진다. 홍목 책상 사건도 분명 소상의 잘못이 아닌 걸 알면서도 어머니는 불효 운운하며 벌주려 한다.

당시 불효는 대역죄로 여길 만큼 큰 잘못이긴 했지만, 소원의가 과하다는 생각이 든다. 그녀는 공평을 가장한 채 정앙의 편만 들어준다. 자신의 편만을 들어주는 소원의의 말과 행동에 오히려 정앙이 민망해한다. 소원의는 소상에게 상처와 거리감을 더 크게 느끼게 한다. 조카의 체면이 뭐가 그리 중요해서 딸에게 세상은 원래 공평하지 않고, 어머니가 옆에 있으나 없는 것과 같다는 생각이 들게 했을까? 편애만큼 자식을 아프게 하는 게 또 있을까?

소원의의 매정함은 황제의 가족 연회 장면에서도 드러난다. 황제는 가족 연회에 정소상과 그녀의 부모님을 초대한다. 능불의의 갑작스러운 청혼으로 소상과 부모님은 크게 당황한다. 소원의는 이 혼사는 안된다며 딸을 깎아내린다. 자기 딸은 배움이 부족하고 서책과 담을 쌓은 아이라고 말한다.

그녀는 자기 딸은 "부덕을 갖추지 못한 데다 언행도 바르지 않습니다. 소인이 가르쳐 보려 했으나 어른을 공경하지 않고 가르침에 따르지 않습니다. 소상이 제 며느리로 들어온다면 소인은 반대할 것입니다."라며 독설을 퍼붓는다.

　아무리 능불의와의 혼사가 부담스러웠다고 하지만, 엄마로서 딸의 마음을 전혀 고려하지 않은 말이다. 황제는 소상에게 너도 그렇게 생각하냐고 묻는다. 소상은 상처를 애써 감추며 어머니의 말이 다 사실이라고 대답한다. 사람들 앞에서 공개적으로 자식을 폄훼한 소원의는 알았을까? 자식을 위한다는 허울에 갇혀 소상에게 가한 폭력이 얼마나 아팠을지 말이다. 이로써 엄마와 딸의 거리는 한층 멀어진다.

두 번째 어머니 황후

　소원의의 바람과는 달리 소상과 능불의의 혼사가 결정되고 소상은 예의와 궁중 법도를 황후에게 직접 배우게 된다. 황후는 소상을 세심하게 챙긴다. 그녀의 인자함과 배려에 소상의 눈빛과 목소리도 부드럽게 변한다. 황후는 자기도 소상과 비슷한 처지였던 적이 있다며, 소상의 상황과 그동안의 고생에 공감해 준다.

황후가 대단한 점은 소상의 마음을 이해해 주는 한편, 소원의까지 이해해 준 것에 있다. 소상에게 전장을 누빈 어머니 소원의가 단호하고 엄격할 수밖에 없는 이유에 대해 말해준다. 황후는 소상이 어머니를 원망하지 않도록 두 모녀를 배려해 준 것이다.

　소상은 비록 황후가 친어머니는 아니지만, 황후에게서 어머니의 사랑과 깊은 정을 느낀다. 세상 모든 어머니가 자애롭지는 않다. 그럼에도 자식의 실수나 잘못을 두고 이유도 들어보지 않은 채 다짜고짜 꾸중부터 한다면 그 사랑은 왜곡돼 보일 수밖에 없다. 소상의 잘못과 실수에도 황후는 차근차근 이유를 설명해 주며 실수를 반복하지 않게 한다. 황후의 자애로운 사랑 교육법은 천방지축 소상마저도 바꾸어 놓기에 충분했다. 부모는 자식에게 좋은 것을 주고 싶어 한다. 그러나 그것이 부모가 주고 싶은 것인지, 자식이 받고 싶어 하는지는 별개의 문제가 될 수 있다.

　언제부터인가 침착하고 진중해진 소상을 보는 소원의의 마음은 복잡해진다. 어머니는 기세등등하게 날뛰던 딸의 모습이 왠지 그리워진다. 자녀가 어릴 땐 귀찮으리만치 내 뒤를 졸졸 쫓아다닌다. 어쩌다 자유시간이 주어지면 해방이라도 맞은 듯 기뻐한다. 그러나 어느 순간 상황은 역전되고 자녀의 방문도 허락을 구해야만 열어 볼 수 있는 시간이 온다. 잘 자라 주는 것이 기특하면서도 말썽부릴 때를 그리워하는, 이 애틋함을 어떻게 이해해야 할지 모르겠다. 어른이 되어 가며 자식이 혼자 걸어가는 모습을 지켜보는 것은 부모의 숙명과도 같다.

"자녀도 언젠가 어른이 되기 마련이고 부모는 아이들이 커가는 걸 묵묵히 지켜볼 뿐이죠. 자녀 옆에서 평생 지켜줄 수도 없으니, 인생의 남은 길은 결국 혼자서 걸어가야 해요."라고 소원의의 측근 부하는 말한다. 그녀의 말에 소원의는 딸과의 관계에 대해 다시 생각하게 된다.

황후는 고성 사건이 정리된 후, 스스로 폐위를 청하고 장추궁에 유폐된다. 소상은 옛날 부모님이 군령을 받들어 전장에 갔을 때처럼 자신도 황후마마 곁에서 충성을 다하고 싶다고 말한다.

소상은 황후에 대한 충성이라고 말했지만, 어머니와 같은 황후가 궁에 연금되어 홀로 지낼 게 걱정된 것이다. 소상에게 황후가 있는 장추궁은 또 다른 의미의 집이다. 그 집에 어머니처럼 여기는 황후가 있다면 딸인 자신이 그 곁을 지키는 게 마땅하다고 생각한다. 소원의는 소상을 실은 마차를 보며 딸이 자신을 냉궁에 가두려고 작정하고 떠난다는 것을 깨닫는다. 그녀는 마차를 급히 쫓으며 어미가 잘못했다며 울부짖는다. 소원의는 지난날 딸에겐 모질며 엄하게 대하고 조카를 더 위했던 날들을 후회한다.

일방적인 관계란 없다. 가장 가까운 사이인 부모나 자식에게 마음껏 상처 주어도 언제나 옆에 있을 거라는 생각은 착각이다. 가장 가깝지만, 상처로 인해 멀어진 관계는 때론 남보다 못한 사이가 되기도 한다.

진심만큼 좋은 약은 없다

소상은 황후 승하 후 세상을 여행하며 자유롭게 살기로 마음먹는다. 집으로 돌아온 후에도 소상은 황후를 그리워한다. 어머니 소원의는 그제야 딸에게 용서를 구한다. 처음 키워보는 딸에게 어찌해야 할지 몰랐고, 자상하게 굴지 못해 미안하다며 눈물을 흘린다. 시간을 되돌릴 수 있다면 절대 홀로 남겨두지 않을 거라며 끝까지 온 가족이 함께할 것이라고 말한다. 소상은 어머니의 진심에 같이 울고 만다.

부모와 자식 간 사랑에 무슨 연습과 시간이 필요하냐고 반문할 수 있을 것이다. 하지만 낳기만 하고 기르는 과정이 없었기에 모녀에게는 회복의 시간이 필요했다. 그동안의 상처나 원망이 한순간에 사라지지는 않을 것이다. 모녀는 서로의 차이를 좁혀나갈 것이고, 가장 좋은 친구로 서로를 위할 것이다. 어머니에게 딸만큼 좋은 친구는 없다. 위기를 극복한 모녀는 앞으로도 가끔은 삐걱대겠지만 그래도 앞으로 나아갈 것이다. 우리 시대의 엄마와 딸들이 그렇게 살고 있는 것처럼 말이다.

2. 어머니의 이름으로

녹비홍수(綠肥紅瘦)

이런 게 사는 거죠.
전 이렇게 평탄한 나날이 제일 좋아요.
아무 일도 없는 날들이요.

- 녹비홍수 中 -

예전에는 모든 엄마가 요리를 잘하는 줄 알았다. 물론 우리 엄마는 음식솜씨가 좋은 편이다. 어느 TV 프로그램에서 고등학교 남학생의 인터뷰를 본 적이 있다. 리포터가 학생 어머니는 어떤 음식을 잘하느냐고 묻자

"우리 엄마 음식 못해요. 맛없어요. 내 친구 엄마가 잘해요. 그래서 얘네 집에 자주 가요. 모든 엄마가 요리를 잘하는 건 아니거든요. 안 그런가요? 엄마, 요리 학원 좀 다녀봐. 하하하!"

특별한 내용은 아니었는데 오랜 시간 기억하게 됐다. 모든 엄마가 음식을 잘하는 건 아니라니, 당시엔 이해가 가지 않았다. 그래서 이런 생각도 하게 되었다. 세상의 모든 어머니는 옳다? 혹은 모든 어머니가 자식을 사랑한다? 요즘 세상은 자식이 부모에게 불효하는 일도 많지만, 부모가 특히, 어머니가 아이들을 학대, 방임하는 것도 모자라 죽이는 사건까지 뉴스에 나온다. 일부이긴 하지만 절대적이라 여겼던 어머니의 사랑이 흔들리는 세상에 살고 있다.

북송이 배경인 〈녹비홍수〉에는 여러 유형의 어머니가 나온다. 자식을 살리는 어머니, 자식을 망치는 어머니, 자식이 도구인 어머니, 자식을 잃은 어머니.

성가 집안은 적모(서자가 아버지의 정실을 이르는 말)이자 큰어른 격인 노마님, 가장인 성굉, 본처 왕약불, 둘째 부인 임금상, 셋째 부인 위서의와 이들의 자녀 2남 4녀가 살고 있다. 등장하는 여러 인물의 여성 캐릭터 중 어머니에 초점을 맞추어 살펴보려 한다.

고대의 많은 나라에서 상류층은 일부다처제가 흔했다. 상류층은 그들의 신분 유지를 위한 정략결혼이 일반적이었기 때문에, 첩을 두는 것이 일종의 탈출구였던 셈이다. 제를 올리는 기간이나 여자들의 생리 기간, 출산 후의 일정 기간에 성행위가 엄격히 금지된 사회에서 남편들의 성적 욕구를 충족시키는 방편이기도 했다고 한다. 우리나라도 과거에는 지위가 높을수록 첩을 들이는 경우가 많았다. 유교 경전에는 왕은 1처 9첩, 대부(벼슬아치)는 1처 2첩, 선비는 1처 1첩을 둘 수 있다는 기록이 있다고 전해진다.

성가네의 가주인 성굉의 생모도 첩 신분이다. 그런 이유로 성굉은 아버지의 관심을 받지 못한다. 그래서 그는 적모의 보살핌 속에 자랐다. 성굉은 어머니가 첩이었기 때문에 고달프게 살아서인지 둘째 부인에게 유독 잘한다. 임금상은 본처가 아님에도 성굉의 총애를 업고 본처의 몫인 곳간 열쇠까지 쥐고 있었다.

임금상은 당시 임신 중인 위서의가 눈엣가시였다. 임금상은 똘똘한 명란으로 인해 자신의 위치가 흔들릴 위기에 처하자, 온갖 방법으로 위서의의 출산을 방해 한다. 위서의는 죽음의 문턱에서 딸에게 말한다. "절대 나서지 말라고 늘 당부했는데, 그렇게 말을 안 듣더니. 이 말만 기억해. 가장 중요한 건 살아남는 거다." 이날 명란은 사랑하는 어머니를 잃는다.

사극 〈대장금〉에도 이와 유사한 장면이 있다. 관군에게 쫓기다 산속에서 혼자 어머니의 임종을 맞게 되는 장금과 명란의 처지가 비슷하다. 총명했던 두 소녀는 본의 아니게 했던 말 때문에 사랑하는 어머니를 잃게 된다. 장금의 어머니 박나인과 명란의 어머니 위서의를 죽음으로 몰아넣은 최상궁과 임금상은 각각 훗날 비참한 죽음으로 생을 마감하게 된다.

어머니를 잃은 자식과 자식 잃은 어머니

'내 하나뿐인 아들이 그 악독한 계집의 술수에 목숨을 잃고 말았다.'

노마님은 이런 생각을 뼛속까지 새기고 사는 인물이다. 그도 그럴 것이 노마님은 본처였지만 첩의 기세에 눌려 하나밖에 없는 자식을 잃고 살아가는 어머니였다. 궁중 암투물이나 집안 권력 다툼의 이야기들에는 욕심이나 복수로 아이들의 목숨을 뺏는 장면이 자주 나온다. 이는 부모에게 치명적인 상처를 입히는 결과를 낳는다.

노마님은 집안 단속을 잘못한 성굉을 탓하며 불쌍한 명란을 맡아 기르겠다고 한다. 이렇게 어머니를 잃은 자식과 자식 잃은 어머니의 만남이 이루어진다. 할머니는 평소 열심히 공부하고 사리에 밝은 명란을 기특해한다. 지금도 여자가 무슨 공부냐며 타박하는 어른들이 간혹 있다. 그런데 노마님이자 할머니는 명란에게 그런 사람들은 생각이 짧은 거라며 글을 읽고 도리를 깨쳐야 한다며 가르침을 준다.

"아는가? 아는가? 초록 잎은 무성하지만, 붉은 꽃은 떨어졌을 것을."

〈녹비홍수〉와 결을 같이 하는 이청조의 시 「여몽령」의 마지막 행이다. 이 시를 지은 여류 시인 이청조는 송나라 시대에 '천고제일재녀'로 칭송받았다. 그녀의 어머니도 명문 집안 출신의 문학적 소양을 갖춘 것으로 알려져 있다. 이청조 또한 어머니의 가르침과 보호 아래 성장했을 것이다. 명란에게 할머니의 존재도 마찬가지였다. 그녀에게 할머니는 두 번째 어머니이자 스승인 셈이다.

명란도 상당히 주목할 만한 인물이다. 명란이 나중에 혼인했을 때, 이미 남편과 첩 사이에 딸이 있었다. 첩의 딸인 용이는 명란을 큰 마님이라고 부른다. 명란은 자신이 힘들었던 시기를 떠올리며 용이를 차별 없이 대한다. 용이가 나중에 혼인해 집안을 관리 할 수 있도록 장부 보는 법과 하인 관리 등 세세한 것도 가르쳐준다. 이런 가르침은 할머니에게서 배운 것이 토대가 되었다.

용이는 생모가 죽자, 자신을 진심으로 대해 준 명란을 어머니라고 부른다. 용이는 나은정보다 기른 정이 더 크다는 것을 보여준다. 악행을 일삼던 용이의 생모는 마치 여름날 자신의 알을 다른 새의 둥지에 넣고 가는 뻐꾸기와 다를 바 없다. 오죽하면 '낳은 정보다 기른 정이 더 크다.'라는 속담이 생겨났을 정도다. 간혹 나은 정을 중요시하는 사람들도 있다. 물론 세상에 태어나게 해준 것은 더 없이 감사한 일이다. 이는 혈통을 중요시하는 한국 사람 특유의 정서도 한몫할 것이다. '양육'이란 아이를 보살펴서 자라게 한다는 뜻이다. 명란은 용이에게 양육은 물론이고 생모에게 받지 못한 사랑을 주며 진짜 어머니가 되어 준다. 의식주만 해결해 주는 일이 양육이 아닐 것이다. 같이 살면서 아이에게 주는 정서적 안정과 나누는 정이나 사랑이야말로 진정한 양육의 조건이 되는 것이다.

걱정이 앞서는 어머니

이 작품에서 임금상과 대척점에 있는 인물은 성괵의 본처인 왕약불이다. 그녀는 남편에게 사랑받지 못한 탓을 첩인 임금상에게 돌리며 그녀를 쫓아내고 싶어 한다. 왕약불은 남편의 사랑이 부족하다 보니 자식들에게 거는 기대가 점점 커지게 된다. 아들은 장원급제해 입신양명하기를 바라고, 딸들은 고관대작 집에 시집보내 떵떵거리며 살기를 바란다. 그녀는 자식들이 잘되는 것이 임금상에게 이기는 길이라 생각한다. 그러면 언젠가는 자식을 훌륭하게 키워낸 자신에게 남편의 사랑이 돌아올 거라 믿고 있다.

왕약불은 장남 장백이 과거 시험을 보러 간 사이, 셋이나 되는 신에게 돌아가며 기도를 올린다. 이 모습은 자칫 우스꽝스럽게 보일 수 있지만 그만큼 간절하다는 뜻으로도 해석된다. 아들의 급제 소식에 어머니는 세상을 얻은 듯 기뻐한다. 부모에게 자식이 출세하여 세상에 이름을 떨치는 것보다 좋은 일은 없을 것이다. 우리나라도 수능 시험을 치르는 날이면 전국의 부모들이 가슴 졸이지 않는가?

이런 에피소드는 어느 날 성굉이 궁에 갇혀 집에 돌아오지 못한 사건에서 더 이어진다. 장녀인 화란이 친정에 오자, 왕약불은 아버지 일로 화란이 시댁에서 무시당할까 봐 걱정한다. 구전동화에 우산 장수와 짚신 장수 아들을 둔 어머니가 맑은 날에는 우산이 안 팔릴까, 비 오는 날이면 짚신이 안 팔릴까, 걱정하는 것과 비슷하다. 이렇듯 어머니란 존재는 자식에게 좋은 일에도 나쁜 일에도 늘 걱정을 달고 살아간다.

자식보다 자신

우리가 흔히 생각하는 어머니와 다른 어머니가 여기 있다. 그녀는 성굉의 사랑을 독차지하고 사는 임금상이다. 그녀는 성굉의 첩으로 온갖 특혜를 누리며 산다. 임금상은 지극한 사랑으로 자식들을 위하고 있다고 착각하며 산다. 또한 그녀는 욕심의 끝

판왕이다. 아들이 과거에 낙방하자 위로는커녕 딸과 합세해 그에게 비난을 쏟아 낸다. 아들이 급제했다면 보란 듯 위세를 떨치려 했는데 헛일이 되고 말았기 때문이다. 그녀는 목표를 바꿔 딸을 고관대작 집에 시집보내 팔자를 펴기로 한다. 그녀는 자신이 성공을 쥔 것처럼 딸에게도 남자에게 은밀히 접근하는 방법을 가르친다. 자신은 비록 저급한 방법으로 결혼했어도 딸에게마저 비법이랍시고 전수하다니, 어머니가 되어서 참으로 한심하기 짝이 없다.

　임금상의 비법을 이어받은 딸, 묵란은 집안의 체면과 자매들의 앞날은 무시한 채 자신만의 신분 상승을 위해 어머니의 방법을 따른다. 묵란은 뜻을 이루고 백작가의 며느리가 되지만 행복하지는 않았다. 임금상은 딸에게 도리나 지혜가 아닌 수완만을 가르치며 어머니의 할 일을 다했다고 믿는다. 미모와 학식까지 갖추고 있던 묵란이 올바른 어머니 밑에서 자랐다면 그녀의 삶은 어떻게 변했을까?

　임금상 못지않게 자식을 쥐락펴락하려는 어머니가 또 있다. 그녀는 제국 공부 제형의 어머니다. 제형의 어머니 평년 군주는 자존심이 강하고 포부가 큰어머니다. 모든 일에 철두철미했고 독자인 아들을 감시까지 한다. 어머니는 아들이 명란을 좋아하고 있다는 것을 알면서도, 서녀에 집안까지 한미한 성가네를 무시한다. 어느 날은 선물까지 미리 준비해 아들과 성가네 딸들을 의남매로 맺어주기까지 한다. 아내로 맞고 싶은 여인을 누이라고 부르도록 만든 것이다.

 옛 혼사가 아무리 부모의 뜻에 따라야 한다고 하지만 이런 방법으로 혼인의 가능성을 자르다니, 어머니는 아들의 마음에 커다란 상처를 입힌다. 게다가 어머니는 제형을 잘 보필하지 못했다는 이유로 아들의 수족과도 같은 충복을 눈도 깜짝 않고 때려죽이게 한다. 종의 목숨이 아무리 하찮아도 그도 누군가의 아들이다. 자신이 세운 기준에서 한치라도 벗어나면 가차 없이 자식의 주변을 처리하는 어머니다. 그녀는 이것이 자식을 위하는 사랑이라 생각했지만, 아들은 그것을 어머니의 사랑이라 여겼을까?

 그녀는 아들의 상처 따윈 안중에도 없다. 제형의 어머니는 아들을 향해 '다 너를 위한 것'이라고 말하지만, 이는 집착에 가까운 이기적인 사랑이다. 얼마 후 자신들도 더 큰 권력에 굴복해 아들을 혼인시킨다. 이로써 아들은 한동안 고통 속에 살게 된다. 아들을 위해서 했다고 했던 많은 일이 결국은 가문의 체면이나 어머니 자신의 만족은 아니었을까?

자식이 원한다고 모든 걸 들어줄 수는 없겠지만 자식을 위하는 길은 무엇인지 생각해 봐야 한다. 제형의 어머니는 자식의 일에 하나에서 열까지 통제하고 해결해 주려 한다. 데니스 웨틀리가 '자녀에게 줄 수 있는 가장 큰 선물은 책임감의 뿌리와 독립의 날개다.'라고 말한 것처럼 아들에게 필요했던 것은, 스스로 일을 처리할 수 있는 독립심과 책임감이 아니었을까?

  앞에서 우리는 두 번째 어머니 할머니와 명란, 자식 일에 걱정을 달고 사는 왕약불, 자식보다 자신이 먼저인 임금상과 제형의 어머니를 보았다. 세상의 어머니들은 자식들에게 무엇이든 좋은 것만 주고 싶어 한다. 우리는 이 한 편의 드라마에서 여러 유형의 어머니를 보았다. 어머니 역할에 정답이란 없다. 그래도 가장 이상적인 모델을 들자면 성가네 노마님 같은 어머니라고 할 수 있다. 어떤 때는 스승 같고, 때론 친구 같으며, 삶의 지식도 주지만 지혜를 우선시하는 든든한 보호자와 같은 어머니 말이다.

3. 너의 엄마가 되어 줄게

금심사옥(錦心似玉)

생각해 보면
말이다.
그때가
참 좋았어

- 금심사옥 中 -

칠십이 넘은 우리 엄마는 아직도 내 걱정이 한가득이다. "감기 조심해라." "밥 꼭 먹어라." 가끔은 적지 않은 나이의 딸을 애처럼 대하는 게 귀찮을 때도 있다. 하지만 엄마의 이런 걱정의 말들이 일상적이고 평범해서 따뜻하다. 건강하게 살아계셔서 내 곁에 있기에 들을 수 있는 말들이기 때문이다.

드라마 〈금심사옥〉의 원랑은 몸이 점점 쇠약해져 살날이 얼마 남지 않았음을 직감한다. 원랑은 자신을 대신할 후처로 누구를 들여야 할지 고민한다. 자신의 소중한 아들을 키워 줄 새어머니를 누구로 해야 할지 고민했다고 해야 더 맞을 것이다. 이런 어머니의 마음은 어떤 것일까? 내 품에서 키우며 나를 웃게도 하고 화나게도 하는 날들을 보내고 싶었을 텐데, 가는 시간을 붙잡고 싶었을 것이다.

원랑은 친정 동생 중에 후처를 고르기로 마음먹고 나이랑과 십일랑을 비교한다. 원랑은 먼저 남편의 후처 자리를 넘보고 있던 교원방에게 함정을 판 후 적녀지만 어쩔 수 없이 첩이 되는 길을 택하게 한다. 나중에 드러난 사실은 교원방이 원랑을 죽게 만든 장본인으로 밝혀진다. 원랑도 막연한 의심만 했을 뿐 본인의 죽음이 교원방과 관련된 걸 알았다면 무덤에서 벌떡 일어날 일이었다.

원랑은 자신이 없을 때를 대비해 어린 아들의 혼처를 미리 정해놓는 등 어머니로서 미래를 준비한다. 원랑은 목숨이 임박하자 남편에게 동생인 십일을 후처로 들여달라고 부탁한다. 원랑은 어미 없이 혼자 될 아들 걱정뿐이다. 어머니는 모든 이에게 아들을 부탁한다.

드라마 <완전한 사랑>의 유사한 장면이 떠오른다. 이제 살 만하다 싶을 때 주인공 김희애가 시한부 판정을 받은 후 마지막을 앞두고 아이들에게 하던 말이 있다. '어른 되는 모습 못 봐주고 가서 미안해. 결혼하는 거 못 봐줘서 미안해. 은혜 아기 날 때 옆에 못 있어 줘서 미안해. 그리고 고마워. 고마워.' 그녀도 어머니였기에 모든 사람에게 아이들을 부탁한다. 원랑도 같은 마음이었을 것이다. 어머니에게 자식이란 자신의 목숨쯤은 아깝지 않은 존재들인 셈이다.

한편 십일랑은 서녀지만 원랑의 바람대로 영평후의 정실부인이 된다. 첩이 된 교연방은 호시탐탐 정실부인이 될 기회를 노린다. 집안의 적자인 순이는 어린 나이에 어머니를 잃었다. 교연방은 먼저 철모르는 순이의 환심을 사기 위해 갖은 노력을 기울인다. 어른들은 십일랑과 순이를 인사시키며 무조건 어머니라 부르라고 시킨다. 어린 순이가 어머니라고 부를 리 만무했고 향낭을 선물하는 십일랑에게 "당신은 서녀지만 우리 어머니는 적녀예요. 그러니 당신은 내 어머니가 아니에요." 얼마 전까지 이모라고 불렀는데 어머니라고 부르라니 순이도 당황했을 것이다.

어느 날 뚝딱 어머니가 되는 것이 아닌데 어린 순이에게 십일랑은 속수무책으로 당한다. 하지만 십일랑은 차근차근 이유를 설명하고 결국 순이에게 어머니란 이름이 나오게 한다. 루이야드 키플링은 '신은 어느 곳이나 있을 수 없어서 어머니를 만들었다.'라는 유명한 말을 남겼다. 우리가 힘들 때 무의식적으로 찾게 되는 신처럼 어머니는 우리의 삶에 없어서는 안 될 존재다.

얼마 후 순이가 피부병에 걸려 아파하는 일이 생긴다. 교연방은 일부러 유모를 추궁하고, 할머니인 태부인은 순이를 교연방에게 돌보도록 한다. 이제껏 순이를 가장 아끼고 안쓰럽게 생각하는 사람은 유모밖에 없었다. 유모는 어머니를 대신하여 유아에게 젖을 먹여 길러 주는 사람을 뜻한다. 이런 밀접한 관계에서 오는 정이나 사랑은 어머니 못지않음을 짐작하고도 남는다. 많은 출생의 비밀 소재의 드라마나 영화에서 길러 준 어머니는 대부분 유모인 경우가 많다. 폭군으로 유명한 연산군마저도 자신의 유모에겐 존경의 마음을 표현했다고 전해진다. 그에 비해 십일랑이나 교연방은 자신의 목적을 이루기 위해 바빴을 뿐 순이에게 어머니가 되줄 준비는 되어 있지 않았다.

교연방의 보살핌에도 순이의 병세는 좋아지지 않는다. 집을 떠나있다 돌아와 그제야 순이의 고통을 알게 된 십일랑은 언니의 유언을 떠올리며 마음 아파한다. 간지러움에 괴로워하던 아들을 보며 십일랑은 친정에서 썼던 연고를 가져오게 한다. 독할지도 모르는 저런 약을 어찌 순이에게 사용할 수 있느냐며 교연방이 말리고 나선다.

"난 순이의 어미인데 어찌 아무 약이나 바르겠나? 이게 독한 약이라면 순이에게 쓰지 않았을 거네." 정성을 다해 순이를 돌보며 어느새 십일랑의 마음에도 모정이라는 감정이 생기기 시작한다. 어머니들은 안다. 아이가 말썽을 피워 밉다가도 아파서 힘들어하는 모습을 보면 그저 건강하게만 자라다오 하며 빌고 있는 자신을 발견하게 된다.

순이의 피부병이 재발하자 태 부인은 원인을 십일랑 탓으로 돌린다. 그러나 밤이 되자 울며 보채는 아들에게 노래를 불러주며 능숙하게 달래는 십일랑은 서서히 순이의 어머니가 돼가고 있었다. 십일랑은 아들 병의 원인이 피부병에 걸린 강아지임을 알아낸다.

게다가 그 강아지는 교연방이 들인 강아지였다. 교연방은 피부병에 걸린 줄 몰랐다며 억울하다고 하소연한다. 더 조사해 봤다면 교연방의 계략이었음이 밝혀졌을 텐데 태 부인의 편애로 진실은 묻히고 만다. 십일랑도 피부병 사건에 심증은 있어도 물증이 없었기 때문에 넘어갈 수밖에 없었다. 그러나 훗날 교연방이 전염병에 걸린 강아지를 일부러 서가에 들여 순이를 해치려 한 일이 밝혀진다. 더불어 그간의 모든 악행이 밝혀지며 교연방의 후작 부인되기 프로젝트는 막을 내리게 된다. 만약 교연방의 계략대로 이루어졌다면 순이는 목숨을 잃게 되고 십일랑은 그 책임으로 가문에서 쫓겨났을 것이다. 교연방은 전처와 아이도 제거한 후, 자신이 후작 부인이 되어 아이를 낳아 어머니로 살려 했다는 것에 소름이 돋는다.

의식이 깨어난 순이는 십일랑을 보자 이모라고 부른다. 무의식 중에도 생모가 자주 불러주었던 노래를 들었다고 말하곤 십일랑의 머리가 헝클어져 못생겼다고 장난까지 친다. 아이라서 너무도 솔직한 이모라는 호칭에 십일랑은 가슴이 뭉클해진다. 솔직한 마음을 숨기지 않고 자신에게 다가와 주었기 때문이다. 장난을 받아주며, 아버지께 이른다고 하자 순이는 바로 어머니라고 고쳐 부른다. 평소 무뚝뚝하고 엄하기만 한 아버지와 아들의 사이를 편하게 만드는 것도 어머니의 몫이 되었다. 이모이면서 어머니인 십일랑 곁에서 순이는 이전보다 편안하게 지내게 된다.

교연방의 모함으로 십일랑이 잠시 집을 떠나 있게 된 일이 있었다. 순이는 십일랑을 애타게 찾으며 어머니께 가겠다고 울부짖는다. 순이에겐 어느 사이엔가 십일랑이 의지하는 어머니가 되어 있었다. 순이는 생모를 잃은 경험이 있다. 어린 나이지만 어머니를 잃는다는 것은 커다란 고통이다. 어머니를 잃는 슬픔은, 나이의 많고 적음에 상관이 없다. 고령의 노모를 보내고 통곡하는 백발 아들의 모습을 우린 볼 수 있다. 어머니가 보고 싶다고 우는 순이의 불안한 마음을 알아주지 않는 어른들이 안타까웠다.

가화만사성(家和萬事成)이란 말이 있다. 집안이 화목하면 모든 일이 잘된다는 뜻이다. 어머니들은 아이들에게 행복한 삶을 주고 싶어 한다. 순이에게 주어야 할 것은 심리적 안정과 관심이었다. 그런데 어느 순간 드라마의 시작이었고 원인이었던 순이의 모습이 보이지 않았다. 드라마의 재미 요소로 갈등과 그 해결이 주된 내용인 것은 이해한다. 그러나 주 양육자인 십일랑이 많은 사건에 휘말려 이리저리 바쁘게 다니는데 순이는 과연 누가 돌보고 있는 것일까? 아마도 유모겠지만 순이 입장에서는 서운할 수밖에 없을 것이다. 마지막 장면인 중추절 가족 연회에서도 순이가 없어서 몹시 아쉬웠다. 순이가 어떻게 자랐는지 보고 싶었는데 말이다.

우리 엄마는 언제부터인가 전화 통화 마지막에 사랑한다는 말을 남긴다. 그런데 왜인지 '엄마 나도 사랑해'하며 받아주면 좋을 텐데 그 말이 쉽지 않다. 난 기껏 '어' '알았어'라고 말한다. 아이에겐 '엄마, 사랑해'라는 말을 되받고 싶으면서 엄마에겐 왜 그리 어색한지 모르겠다. 난 엄마이면서 동시에 자식이다. 엄마의 '사랑해'라는 말에는 많은 뜻이 내포되어 있다. 네가 건강했으면 좋겠어. 네가 행복하면 좋겠어. 네가 하는 모든 일이 잘됐으면 좋겠어. 그리고 나한테도 사랑한다고 말해주면 좋겠어. 엄마의 그 마음을 너무 잘 알고 있다.

4. 너무나 지키고 싶은 것들

대명풍화(大明風華)

황상이 하기 싫은
일은 남에게도
시키지 마세요
사람은 모름지기
입장 바꿔 생각할 줄
알아야 해요

- 대명풍화 中 -

여성들의 사회 참여가 활발해지며 일하는 엄마들이 많다. 그런데 왜 일하는 엄마라는 호칭이 따라다닐까? 일하는 아빠라는 말은 굳이 쓰지 않는데 말이다. 그건 아마도 남자들이 바깥에서 일하는 것은 당연한 걸로 인식되었기 때문이다. 요즘은 남자 혼자 벌어선 먹고 살기 힘들단 말을 많이 한다. 예전에는 결혼 상대로 현모양처를 선호했지만, 요즘은 같이 경제활동 할 수 있는 여자들을 일등 신붓감으로 꼽는다. 점점 좋아지고 있다고는 하지만 일명 일하는 엄마들은 사회인으로서, 엄마로서 중간에 외줄을 타며 양쪽 역할을 잘 해내야 한다. 그래야 좋은 엄마 소리를 듣기 때문이다.

〈대명풍화〉는 황제였던 남편이 죽고 난 후, 어린 나이에 황제가 된 아들을 대신해 정사를 돌보며 수렴청정한 어머니 손약미는 대표적인 일하는 여성이며 일하는 엄마다.

황제 주첨기는 자신이 살날이 얼마 남지 않았음을 직감한다. 황제의 어머니는 죽을 날을 준비하는 아들을 보며 마음이 미어진다. 천하의 권력을 가진 황제였지만 죽음 앞에서는 길거리 거지와 다름없이 평등하다. 슬퍼하는 어머니에게 아들은 우리가 신선도 아닌데 앞날을 어찌 알겠느냐며 위로의 말을 한다. 그러나 세상 어떤 말이 이 어머니에게 위로가 될 수 있을까?

주첨기는 어머니에게 황후 손약미가 순장 일로 근심이 많다며 황후를 달래주길 부탁한다. 어머니는 황후가 아들인 기진 때문에 그럴 거라며 손자 이야기를 꺼낸다. 아이가 두 살이 됐는데 걷지도 못하고 말도 안 트여서 물고기처럼 바닥을 기기만 한다고 걱정한다. 아이가 온갖 치료에도 소용이 없다며 가망이 없다고 한다. 황제는 어머니에게 태자의 건강이 나아지지 않으면 인품이 좋고 진중한 아이를 골라 태자 자리를 대신해 달라 부탁한다. 아버지이기 이전에 황제였던 주첨기는 나라의 앞날이 최우선일 수밖에 없었다.

손약미는 황제에게 어린 아들을 두고 순장 당하지 않도록 해달라고 간청한다. 자신도 어릴 때 부모를 여의어 부모 잃은 슬픔을 누구보다 잘 안다고, 아이가 부모를 원망하지 않았으면 한다고 말한다. 황제가 죽어 황후까지 순장되면 아이는 졸지에 부모 잃은 고아가 된다. 손약미는 여자로서 최고의 자리인 황후 자리에 앉았지만, 자신이 죽으면 아이는 지킬 수 없게 된다. 가뜩이나 건강도 온전하지 않은 아이를 두고 간다는 것은 용납될 수 없는 상황이다. 다행히 주첨기의 결단으로 순장의 위기를 벗어난 어머니는 아들과 살 수 있게 된다. 순장 문화는 신분사회가 자리 잡으면서 권력자인 자신이 죽은 후에도 삶과 권력이 이어진다는 믿음에서 생긴 것이다. 그들은 사후에도 행복하기 위해 사랑했던 사람들과 같이 묻히기를 원했다. 그러나 이는 산 사람에게 가할 수 있는 극단의 이기심이다. 명나라는 이후 정통제가 되는 주기진에 의해 순장이 폐지된다.

 황제가 세상을 떠나고 손약미는 태후가 된다. 기진의 건강이 나아질 기미가 없자, 대신들은 태자 양위를 의논한다. 신하들이 있는 대전에서 말도 못 하고 기어다니는 아들을 보는 어머니의 마음은 찢어진다. 태자 자리를 잃게 되면 기진의 앞날은 불 보듯 뻔할 것이다. 황제가 될 누군가의 눈치를 보며 아들은 평생을 살게 된다. 손약미는 대신들을 향해 이 아이는 적장자이며 본래 이 아이의 자리니 결단코 양위는 없다고 소리친다.

 누군가 기진을 향해 바보 같다는 말이 들려온다. 미래의 황제가 될 아이에게 바보라니, 발달은 좀 늦을 수도 있는 건데 어머니는 눈이 돌 지경이다. 우리 주변에도 말이 늦거나 걷는 게 느린 아이들이 있다. 엄마들은 조급함에 병원이며 센터를 찾아다니기도 한다. 그러나 질병이 아닌 이상 머지않아 또래 아이들과 차이 없이 자라게 된다. 그러면서 마음 졸이며 이곳저곳 찾아다닌 것에 후회 아닌 후회를 하기도 한다. 그저 시간을 두고 조금만 더 기다렸어도 좋았을 걸 하면서 말이다. 어머니는 어린 아들에게 제발 이러지 말라며 아들의 상태를 자기의 죄로 돌린다. 우리 엄마들은 자식이 아프거나 잘못된 길로 가면 있지도 않은 죄까지 만들어 자신의 탓이라며 한탄한다. 실제로 미국 뉴욕에서는 아들이 죽었는데 내가 아들을 죽였다는 한국 엄마의 자조 섞인 넋두리를 진짜로 받아들여 실형을 받은 사건이 있었다. 2년 후 한국인 변호사의 도움으로 무죄 석방됐지만 정서적 차이가 빚은 오해가 한 사람의 인생을 감옥에서 보내게 할 뻔한 일도 있다.

슬퍼하는 어머니를 보던 기진은 마치 지금까지는 장난이었던 것처럼 바닥에서 벌떡 일어난다. 그러고는 한 발 한 발 앞으로 걸어간다. 기진의 걸음 뒤로 어머니와 대신들이 따른다. 기진은 소리도 지르며 자금성 마당을 신나게 뛰어다닌다. 문무백관들은 새로운 황제의 탄생에 무릎을 꿇는다. 이러한 기진의 포효는 황제의 옥좌를 넘보던 누군가에겐 희망이 꺾이는 소리로 들렸을 것이다.

기진이 황제가 되었지만 아직은 어린 나이 탓에 태황태후인 시어머니와 태후인 손약미가 수렴청정하게 된다. 정치, 경제 등 모든 분야에 밝았던 손약미가 주로 국정을 살피게 된다. 영락제 태종의 유지에 이런 내용이 있었다. 태손빈 손씨 약미를 이렇게 평하노라. 문에 능하며 군사와 정치의 문제에 관심이 많다. 인내심이 강하고 너른 도량 또한 지녔다.

손약미는 늦은 시간 처소로 돌아가 밀린 상소를 처리해야 한다. 능숙한 솜씨로 상소를 읽고 아들을 대신해 황제의 권한을 행사한다. 그녀는 정치, 경제, 군사, 문화 등을 섭렵한 능력 있는 엄마였다. 거기다 나중에 아들이 커서 친정하게 되었을 때를 대비해 이를 꼼꼼하게 준비한다. 손약미는 일하는 여성으로서 게으르거나 독단적이지 않았다. 사사로운 정에 얽매이지 않았으며 결정하기 어려운 문제들은 능력 있는 대신들과 회의를 통해 함께 처리한다. 이런 그녀의 태도는 오랜 시간 정치적으로 영향을 끼치는 계기가 된다.

손약미는 어머니로서 아들이 자는 것을 확인하고 처소로 돌아가려 한다. 그러나 자는 줄 알았던 아들은 무섭다며 어머니랑 같이 자고 싶다고 한다. 엄마들이 아이를 재우고 나만의 시간을 가지려던 경험이 있을 것이다. 그런데 꼭 뭐 좀 하려 하면 득달같이 깨서 엄마가 곁에 있어 주길 원한다. 기진은 아마 그 정도가 더 심했을 것이다. 더욱이 황제의 신분이라 아이가 감당하기 넓은 방에 커다란 이불을 덮고 혼자 자야 한다. 어머니는 이방은 하늘의 뜻을 받은 천자만이 자는 곳이기에 어미는 여기서 잘 수 없다고 한다. 문밖에 태감과 궁녀들이 있으니 무서우면 그들을 부르라고 한다. 아들은 어머니의 말을 알았더라도 받아들이기는 쉽지 않았을 것이다. 밖에 있는 수백의 궁인들보다 나만의 어머니가 필요

했던 나이기 때문이다.

 손약미가 어린 아들을 훈육하는 장면이 나오는데 마치 민가의 평범한 어머니처럼 아들을 대한다. 어린 아들이 황제의 권력을 이용해 내시들에게 거침없는 물세례를 퍼붓자, 그녀는 왜 물을 뿌렸는지 아들에게 묻는다. 아들은 그냥 장난친 거라며 대수롭지 않게 대답한다.

 어머니는 화를 누르며 그건 장난이 아니라 괴롭히는 거라고 말해준다. 사람은 누구에게나 부모가 있고 저들은 제 가족을 먹여 살리기 위해 궁에서 돈을 벌고 있는 것이라고 말한다. 어머니는 아들이 황제이기 이전에 올바른 사람으로 자라 길 바랬다. 어머니가 자리를 뜨자 아들은 어이가 없다며 안하무인의 태도를 보인다. 어머니의 올바른 가르침에도 아들은 이를 받아들이지 않는다. 이 두 사람에게는 상호 신뢰 관계가 형성되어 있지 않은 것이다.

 어린 황제의 정서적 문제에 악영향을 끼친 또 다른 사람은 그의 할머니였다. 모든 할머니가 그런 것은 아니겠지만 기진의 할머니는 무조건 손자를 감싸기만 하는 모습을 보인다. 기진은 어머니에게 혼난 일을 하소연하며 불만을 토로한다. 할머니는 온갖 음식을 대령하며 손자의 기분을 맞추기에 여념이 없다. 황상을 벌주기까지 하다니 태후가 너무하다며 비난까지 서슴지 않는다. 아이를 올바르게 키우는 일은 누구 한 사람의 노력으로 되지 않는다. 더욱이 나라를 책임질 아이라면 더욱 바르게 지도해야 한다. 그렇지 않으면 고통받는 것은, 미래의 백성들이 될 것이기 때문이다.

어른이 된 주기진은 명의 정통제가 되어 나라를 다스리게 된다. 그러나 어머니인 손약미의 바램과는 달리 자신을 모시는 태감인 왕진의 손아귀에서 놀아난다. 왕진은 황제에게 아첨하며 온갖 비리를 저지르는 다른 의미의 일등 공신이다. 어렸을 적부터 엄하게 훈육하는 어머니의 뜻을 받아들이지 못한 기진은 능력 있는 황제감이 아니었다. 기진은 북방의 적국인 와라를 섬멸하여 진정한 황제가 되겠다며 실리 없는 전쟁을 선포한다. 기진은 전쟁을 원하는 할머니와 반대하는 어머니 사이에서 할머니를 택한다. 어머니는 자기가 하는 모든 일은 아들을 위해서니 솔직하게 말하라고 한다. 기진은 "어마마마의 사랑은 물에 젖은 솜저고리 같아요. 입자니 과히 무겁고 막상 벗으면 너무 춥지요." 아들은 어머니의 사랑을 외면하고 진심에 귀 기울이지 않는다. 고집대로 전쟁에 나간 기진은 대패하고 황제로서 와라족의 포로로 잡히는 치욕을 겪는다. 더불어 오십만 대군을 잃으며 그들의 어머니들에게 씻지 못할 슬픔을 안긴다.

 어머니인 손약미는 모든 신에게 황상을 구해 달라며 모든 불운과 화 죽음과 고통은 자기에게 내려 달라며 빌고 또 빈다. 어머니는 자신의 모두를 걸고 아들을 구하고 싶었지만, 방법이 없었다. 중국 고사성어에 모원단장(母猿斷腸)이라는 말이 있다. 새끼 원숭이의 죽음을 슬퍼하던 어미 원숭이의 창자가 끊어질 정도로 슬픔의 상황을 표현한 말인데 손약미의 심정도 그와 다르지 않았을 것이다. 당장 아들의 생사가 오락가락하니 그 슬픔이 짐작조차 되지 않는다. 어머니는 아들의 귀환을 위해 전부를 건다.

 명나라는 와라와 평화를 지키겠다는 약속을 하고 주기진은 석방된다. 사실, 이때의 주기진은 포로로서의 가치가 떨어져 있는 상태였다. 오히려 와라의 대칸인 에센은 후손들을 위해 실리적 결정인 평화를 선택한 것이다.

 아들의 귀환에 누구보다 기쁜 것은 어머니 손약미다. 모자는 눈물의 상봉을 한다. 어머니는 남은 생을 통틀어 지금처럼 기쁜 일은 없을 것이다. 게다가 의젓해지고 어른스러워진 아들을 보며 어머니는 기쁘고 고마웠다. 한편으론 같이 하지 못한 시간에 대한 미안함도 있었을 것이다. 어머니였지만, 한 나라를 책임져야 하는 결정을 내려야 했던 자리에 있었던 그녀의 삶은 쉽지 않았을 것이다. 아들인 주기진 또한 다시 황제의 자리에 앉아 나라를 다스리며 어머니의 고충을 알게 될 것이다.

손약미는 훌륭한 아들을 키워내는 엄마의 역할도, 아들을 대신해 나랏일도 안정되게 잘 해내는 슈퍼우먼이 되려고 부단히 노력했다. 어머니는 아들을 역사에 남을 황제로 키워내고 싶었다. 나는 좀 고돼도 최선의 노력으로 살면 아들이 그걸 보고 배우길 기대했다.

이 시대에는 슈퍼우먼으로 사는 엄마들이 많다. 경제적 이유로, 혹은 나로 살기 위해 애쓰며 일하는 그녀들은 엄마라는 이름도 같이 지고 간다. 그 옛날 나의 엄마가 나에게 주었던 헌신과 사랑처럼 나도 우리 아이에게 슈퍼우먼이 되어서라도 갚으며 살아가야 하기 때문이다.

2부 우정

5. 3인 3색 친구들

몽화록(夢花錄)

기개란 두 글자는
사대부뿐 아니라
우리 여자들이 자립하기 위해
갖춰야 할 덕목이야.

- 몽화록 中 -

여자의 인생 역전 스토리를 다룬 드라마나 영화는 많이 있다. 그중에서 가장 드라마틱한 변신을 보여주는 소재는 단연 외모 변화, 즉 성형이다. 그중 김아중(한나 역) 주연의 〈미녀는 괴로워〉(2006)가 떠 오른다. 한나는 뛰어난 노래 실력에도 불구하고, 못생기고 뚱뚱하단 이유로 무대에 설 기회조차 주어지지 않는다. 그랬던 그녀가 성형과 피나는 운동을 통해 절세미인으로 거듭나면서 이야기가 펼쳐진다.

반면 미국 드라마 〈드림걸즈〉는 고난을 이겨내는 설정으로 여자의 변신을 그려낸다. 세 명의 흑인 소녀가 가수의 꿈을 꾸고 노력하며 성장하는 이야기가 주를 이루며 그녀들은 성공을 눈앞에 두고 백인 중심의 공연 문화에서 흑인 가수의 공연을 거부하는 좌절도 겪는다. 하지만 그녀들은 모든 고난을 이겨내고 세계적으로 상상을 초월하는 인기를 얻으며 꿈을 이룬다는 내용이다.

〈몽화록〉은 〈미녀는 괴로워〉와 〈드림걸즈〉처럼 여성의 인생 역전을 다루고 있다. 〈미녀는 괴로워〉와 〈드림걸즈〉가 외모의 벽을 깨고 인생 역전을 다룬다면 〈몽화록〉은 신분의 벽을 깬 세 여성의 인생 역전 이야기다. 조반아, 손삼랑, 송인장. 그녀들은 남자에게 배신당했지만, 따로인 듯 하나였고 각자였지만 함께 하면서 사랑을 넘어선 우정을 나눈다.

가끔 커피 말고 정통 차를 마시고 싶을 때가 있다. 그럴 때면 인사동 찻집 거리가 생각난다. 아무 가게나 들어가도 커피숍과는 다른 분위기를 느낄 수 있다. 〈몽화록〉의 찻집처럼 물가에 있는 탁 트인 정경은 아니지만 인사동 나름의 운치가 있다. 찻집 구석에 자리를 잡고 앉은 후 상상을 한다. 차를 잘 다루는 점주가 나와 자소음자와 차백희를 해주면 얼마나 좋을까하고 생각한다. 자소음자란 한 손으로 주전자를 들고 멀리서 차를 따르는 다예 기술 중 하나이다.

조반아, 차백희(茶百戱)로 인생을 그리다

조반아는 관료 집안의 자식이었으나 아비의 죄로 아홉 살에 관노로 강등되어 관기로 살게 된다. 하루아침에 나락으로 떨어진 아홉 살 여자아이의 밑바닥 인생이 시작된다. 늘 조반아의 편이 되어 그녀를 감싸 주던 송인장의 언니는 천한 신분의 여인들은 재색이 뛰어날수록 인생이 험난하다는 말을 자주 해준다. 이에 조반아는 예술적 재능을 숨기고 산다. 황진희보다 화려한 삶을 살았다는 조선의 기생 초요갱은 뛰어난 예술적 재능에도 끊임없는 스캔들로 많은 시련 속에 살았다. 고대의 신분제도는 여자들에게 특히 가혹했다. 양민이 된 후 반아는 전당(지금의 항저우)에서 찻집을 하며 살아간다. 뛰어난 다도 실력 덕에 '조씨 찻집'은 인근에서 제법 명성을 얻는다.

〈몽화록〉의 시대 배경인 송대에는 도시와 상업의 발달로 일반 서민들까지도 차를 마시는 풍습이 대중화되었다. 이에 투차(鬪茶)와 차백희(茶百戲)가 유행했으며 다관이 발달했다. 조반아의 차 다루는 솜씨는 인재가 넘치는 도성에서도 뒤지지 않는다. 다관이 몰려있는 다탕항 점주와의 차 겨루기에서도 조반아는 탁월한 솜씨로 그를 이긴다. 특히 라떼아트를 연상시키는 조반아의 차백희 기술은 일품이다. 투차에서 다탕항 점주가 의기양양하며 茶라는 글자를 표현한다. 반면 조반아는 시간차를 두고 서서히 드러나는 한 폭의 그림 같은 차백희로 사람들을 놀라게 한다. 많지 않은 나이에도 노련한 찻집 점주를 실력으로 이긴 조반아가 그동안 얼마나 노력했을지 짐작이 간다. 조반아가 현대에 살았다면 바리스타계를 재패했을 것 같다.

재능을 숨기고 살던 조반아는 회계와 장부 보는 법 등을 익히며 장사에 눈을 뜬다. 찻집을 경영하면서도, 주루를 운영하면서도 차별화와 고급화 전략으로 남들이 하지 않는 방법을 연구해 성공을 거둔다. 주루를 운영하면서는 일반 손님도 받지만, 귀빈을 상대로 한 전략도 펼친다. 도성 내 존경받는 문인 12인을 초대해 최상급 요리와 화월연이라는 공연도 계획한다. 만만치 않은 비용에도 도성 내 문인들은 초대장을 받고 싶어 했고, 은근히 영광으로 여기기까지 한다.

이것은 지금의 귀족마케팅과 유사하다. 로열마케팅이라고도 불리는 이것은 20%의 소비자가 80%의 매출을 담당한다는 파레토의 원칙을 바탕으로 생긴 마케팅 전략이다. 조반아의 마케팅은 성공하고 황제마저 직접 찾아오도록 만든다. 황제까지 직접 왔으니 조반아의 전략은 황제 마케팅이라고 불러도 손색이 없다. 현대였다면 신문 1면은 물론 여러 방송에서 출연 섭외가 쇄도 했을 것이다. 또한 요식업계 CEO로 자리매김하기에도 부족함이 없다.

조반아는 신분상의 제약에도 자신이 가장 잘할 수 있는 일에 몰두한다. 결정한 일에 후회하지 않는다는 그녀의 신조는 무모함이 아니라 그만큼 신중히 생각한 결과라 가능했을 것이다. 불합리한 상황에 지지 않고 앞으로 나가는 용기를 가진 조반아에게 천한 신분은 불편할 뿐 걸림돌은 되지 않는다.

〈몽화록〉을 보면서 두 번의 이혼 경력과 16달러의 은행 잔고에도 굴하지 않고 당당히 살아가는 싱글맘 에린이 떠올랐다. 〈에린 브로코비치〉(2000) 의 에린은 불행한 환경 속에서도 자기 일을 열심히 하며 살아간다. 급기야는 많은 법적 지식 없이 막강한 자본의 대기업과의 법정 싸움에도 승리한다. 에린은 배움이 적은 싱글맘에서 변호사가 되는 인생 역전의 주인공이다. 〈몽화록〉의 다른 주인공 손삼랑 또한 남편과 아들의 배신을 극복하고 다시금 인생을 살기 위해 분투 중인 여성이다.

손삼랑, 인생 2회차 도전

 '조씨 찻집'에서 다과를 만들어 파는 삼랑은 남편과 아들까지 있는 여인이다. 조반아와는 의리로 뭉친 사이고, 백정의 딸이다. 우리나라도 백정은 천민 중에서도 가장 하찮게 여기는 신분이다. 태어나면서부터 차별과 불이익이 얼마나 심했을지 짐작이 간다. 삼랑은 행복하지 않은 결혼 생활을 참아가며 아들만을 바라보며 살려 한다. 그러다 남편의 외도를 알게 되고 아들마저 자신을 거부하는 지경에 이르자 살 희망이 사라진다. 죽으려 강에 뛰어들었고, 고천범과 조반아 덕에 목숨을 구한다. 살 희망이 없는 삼랑에게 "부신귀에게 10년 속은 게 평생 속고 사는 것보단 낫지 않냐."는 반아의 말에 다시 살기로 결심한다. 그러나 삼랑의 속내는 남편보다 아들이 준 상처가 훨씬 사무치고 아팠다. 내 배 아파 나아, 정성을 다해 키웠고 희망이라 믿었던 아들이 준 상처는 무엇과도 비교할 수 없었을 것이다. 그러나 아들의 배신에도, 어머니인 삼랑은 매 순간 아들을 그리워하고 걱정한다.

백정의 딸이었던 삼랑은 힘이 세고, 무엇보다 칼 다루는 재주가 뛰어나다. 요리 실력도 수준급이어서 반아의 다도 실력에 뒤지지 않는다. 뛰어난 칼 솜씨로 연두부를 꽃으로 피워내는 장면은 감탄이 절로 나온다. 도성에 온 후 삼랑의 재주를 탐내는 점주들도 많다. 찻집과 주루가 성공할 수 있었던 이유는 반아의 사업 수완도 있었지만, 삼랑의 다과와 연회 음식 맛이 뒷받침됐기에 가능했을 것이다.

드라마 후반부 황제의 소원권 질문에 삼랑은 소원은 없고 그저 폐하께서 영안루에 자주 오셔서 자신이 만든 새 요리를 드셔주시면 좋겠다고 말한다. 이 바람이 이루어지면 황제가 자신의 요리 실력을 인정했다는 것을 뜻한다. 동시에 주루 영업 최대의 광고 효과를 가지게 되는 셈이다. 이 소문이 퍼지면 도성이 아니라 송나라 전체에서 황제가 먹었던 음식을 맛보려 몰려들게 불 보듯 뻔하다. 그럼, 조반아는 또 다른 마케팅을 펼칠 것이다.

여자나 남자나 인생의 성공을 말할 때 자신과 마음이 맞는 사람과 일생을 함께 할 수 있는 복을 누리는 것도 한 부분을 차지할 것이다. 첫 번째 남편과는 이혼했지만, 삼랑에게 두 번째 사랑이 찾아왔고 그와 혼인하기로 약속한다. 천한 신분이었기 때문에 넘볼 수 없었고 평생의 소원이었던 봉황관과 예복을 입을 수 있는 은혜까지 황제에게 허락받는다. 과거에는 옷이 신분을 나타내는 수단이기도 했다. 이런 옷이 어떤 여자에게는 평생의 소원이 된다고 생각하니, 마음만 먹으면 어떤 옷이든 입을 수 있는 세상에 산다는 게 새삼 감사하게 느껴진다.

정도 많고 눈물도 많은 삼랑은 반아와 인장에게 늘 언니 같은 존재다. 그녀들의 이야기를 내 일처럼 들어주고 같이 아파한다. 또한 자신의 사랑에도 솔직 당당한 여인이다.

송인장, 무소의 뿔처럼 혼자서 가라

'무소의 뿔처럼 혼자서 가라'는 공지영의 장편소설 제목이기도 하다. 〈몽화록〉처럼 세 명의 여주인공이 등장하고, 송인장은 남자에게 기대고자 하는 내면을 가진 혜완과 조금은 비슷하다. 공지영은 홀로서지 못해 고통받는 사람들에 빗대어 제목을 정했다고 한다. 인장에게 딱 맞는 제목이다. 인장은 대대로 비파를 연주하는 가문의 관기다.

비파 장인으로 불리지만, 하루라도 빨리 양민이 되기를 원했고, 그 희망을 남자에게 건다. 첫 번째 남자의 달콤한 말에 속아 혼례를 올렸지만, 결과는 비참했다. 남자가 원한 것은 인장의 혼수였기 때문이다. 인장이 비록, 관기 신분이었지만 제법 명성을 떨치고 있으니 남자는 돈을 노리고 접근한 일명 제비였다. 파렴치한 인간들이 많지만, 여자에 기대어 살려고 했던 최악의 남자다. 인장에게서 더 이상 돈이 나오지 않자, 짐승보다 못하게 그녀를 대한다.

다행히 인장은 반아의 지략으로 남자에게서 벗어난다. 인장에게 비파 장인이란 유명세는 관기라는 족쇄에 못 미치는 허울에 불과하다. 악공 가문이었으나 관기였기 때문에, 그들은 예술가가 아니라 상류층의 유희에 지나지 않았을 것이다. 인장은 비파를 사랑했지만 돈이든 권력이든 관기 신분에서 자신을 구해줄 누군가를 기다린다.

인장은 뛰어난 비파 실력으로 교방의 사범 자리를 차지한다. 여기서 두 번째 남자를 만나게 된다. 그 남자는 집안도 좋을뿐더러 관리에 인물도 수려하다. 인장은 과거 경험이 있어서인지 그의 과도한 관심과 배려에 적당한 거리를 둔다. 그러는 사이 인장의 비파 연주 솜씨는 도성에서도 명성이 쌓이기 시작한다. 어느 날 재상의 생일연회에서 선보인 비파 연주로 사람들의 극찬을 받는다. 무엇보다 사대부의 수장이었던 전임 수보(재상부를 관장하는 으뜸 관직)에게 불굴의 기개를 뜻하는 '풍골(風骨)'이란 글자를 비파에 하사받는다. 이 일로 인장은 도성 최고의 유명 인사가 된다.

남자는 이렇게 재주 넘치고 지켜주고 싶은 여인은 처음이라며 자신이 황제 앞에서 연주도 하게 해주고, 교방의 수장에게 말을 잘해 속량도 시켜주겠다고 약속한다. 인장은 고민했지만, 언니들을 떠나 다시 한번 남자에게 앞날을 걸기로 한다. 차일피일 약속은 지켜지지 않고, 인장은 남자가 출세를 위해 상관에게 자신을 선물로 주려 했다는 사실을 알게 된다. 인장은 앞에서 언급한 초요갱의 경우에 더 부합하는 시련을 겪게 된다. 그러나 첫 번과는 달리 놈을 처절하게 응징 해준다. 순진하게 당하지만은 않은 인장은 다시금 언니들 곁으로 돌아온다.

인장에게 풍골은 글자를 넘어선 삶의 이정표가 되어준다. 자신을 유희의 대상이 아닌 예술가로 인정받았다는 의미였기 때문이다. 더구나 철없던 시절 당했던 수모는 한 번으로 족했다. 인장은 그제야 자신을 책임지는 인생을 살기 시작한다. 이후 인장은 도움만 받던 막내에서 언니들과의 주루사업에도 한몫을 당당히 해낸다. 자신의 특기인 비파 연주로 입지를 굳히며, 주루 공연 제작자로서도 당당히 성장한다. 인장은 구양욱 재판에서 결정적 증거를 가져오는 등 가장 독립적이고 앞으로 나아가는 인물로 표현된다. 황제에게는 능력이 뛰어난 악공과 장인에게 관직을 내리겠단 약속도 받는다. 결국, 인장은 남자가 아닌 자신의 비파 실력으로 평생의 소원인 관기 신분에서 벗어나게 된다.

인장은 나이가 어리고 순진했지만, 자신만의 방법으로 길을 찾아가는 성장형 인간이다. 그 과정에서 깨지고 다쳐서 아팠지만, 그 상처는 훈장처럼 그녀의 앞날에 빛이 돼줄 것이다.

삼인 삼색 우정 만들기

삼인 삼색의 삶을 살고 각자의 재주에 기대어 살지만, 그녀들은 늘 함께다. 여자들의 우정이나 의리는 종종 가볍게 여겨지곤 하지만 신분 차별이라는 굴레에서 다져진 그녀들의 우정은 무엇보다 단단했다.

믿었던 약혼자 구양욱의 배신을 믿을 수 없던 조반아는 전당의 찻집을 정리하고 삼랑과 경성으로 간다. 가는 도중 친동생처럼 아끼는 인장의 사기 결혼 사실을 알게 된다. 비록 도망치듯 자신을 떠났지만, 인장이 잘 살길 바랐다. 인장이 반가의 딸이고 잘 나가는 집안의 자식이었다면 감히 인장의 남편이 그녀를 짐승 대하듯 할 수 있었을까? 조반아는 다른 무엇 보다 그 부분이 미치도록 화가 났다.

반아는 인장의 남편이 혐오스러울 만큼 싫었지만, 인장을 위해 기녀 역할과 그를 유혹하는 연기도 마다하지 않는다. 인장의 남편이 잡았던 손을 피가 나도록 닦아내는 장면은 반아가 그 상황을 얼마나 참았는지 짐작하게 한다. 이미 남편의 배신을 경험한 삼랑 또한 인장을 구하기 위해 그녀들과 장단을 맞추며 최선을 다한다. 세 여인은 잘 짜낸 각본으로 인장을 구하는 데 성공한다. 만약 계획이 틀어져 인장의 이혼장을 받지 못했어도 세 여인은 다음 계획을 세우며 포기하지 않을 것이다. 인장도 혼자 일 땐 힘없이 당했지만, 언니들과 함께라면 무서울 게 없었다.

구양욱의 변심을 확인한 조반아는 이대로 물러날 수 없어 그에게 이별 조건으로 세 가지 소원을 요구한다. 헤어지는 마당에 무슨 거래냐 하겠지만 조반아는 끝난 사랑을 담보로 인장에게 행복을 주고 싶었다. 세 가지 소원 중 하나로 관직에 오르면 인장을 기생 신분에서 면하게 해준다는 약속을 지켜달라 부탁한다.

그러나 구양욱은 한 가지 약속도 지키지 않는다. 화가 난 그녀들은 매일 구양욱의 집 앞에 가서 일부러 소란을 피운다. 관리가 되기까지 물심양면 도와준 조반아를 배신한 것도 모자라, 구양욱은 자신의 지위를 이용해 그녀들을 조리돌림당하게 만든다. 세 여인은 하급 관원들에게 매를 맞고 거리를 돌며 망신을 당하지만, 누구도 서로를 원망하지 않는다. 누구든 잘 나갈 때 옆에 있는 것은 어렵지 않다. 그러나 어려울 때 옆에 있는 것은 쉽지 않다. 당시는 여자의 평판이 무엇보다 중요하게 여겨지던 시대였다. 그러나 그런 평판도 무시할 만큼 그녀들의 우정은 끈끈하고 결속력이 있었다.

때론 그녀들도 질투로 인해 다투기도 한다. 하지만 위기 앞에 그녀들은 하나가 된다. '진정한 우정은 어떤 시련이나 어려움에도 불구하고 서로에게 기대어 서는 것이다.'라는 아리스토텔레스의 말처럼 그녀들의 우정은 희로애락을 같이 한다. 같은 곳을 바라보고, 같은 길을 가는 동지이며 자매들이다.

결정한 일에 절대 후회하지 않는다는 조반아, 생각보다 몸부터 나가고 보는 손삼랑, 가끔 아이 같지만, 악기에는 진심인 비파 귀신 송인장. 세 여인이 <드림걸즈>의 소녀들처럼 세계는 아니어도 송나라를 제패할 그날이 멀지 않았다.

6. 처첩들의 고군분투 우정기

경경일상(卿卿日常)

인생의 맛은 원래
달답니다

- 경경일상 中 -

우리에겐 다양한 친구들이 있다. 잘 노는 친구, 도움이 되는 친구, 나를 발전시키는 친구, 물론 가끔 화나게 하는 친구도 있지만 대게는 좋은 친구들이 많다. 배우 김보성은 입버릇처럼 의리를 외친다. 친구들 사이에서 의리는 중요한 덕목이다. 친구 중에 말 그대로 의리 빼면 시체인 친구가 있다. 이 친구는 친구들의 경조사에 빠짐없이 참석한다. 이 친구는 기쁘고 좋은 일은 물론 친구의 슬픈 일에 더 앞장선다. 저녁에 친구 아버지의 부고 소식을 받고, 경기도에 살면서 그 길로 땅끝 해남까지 조문을 가는 그런 친구다.

흔히 여자의 적은 여자라는 말을 자주 쓴다. 동성 간의 질투 또는 열등감 등을 표현하는 말이다. 케일린 셰이퍼의 〈여자들을 위한 우정의 사회학〉 중 '남자들이 여자들끼리 의존할 게 아니라 자기들한테 의지하라고 가르쳤기 때문이다.'라고 말한 부분이 있다. 남성 중심의 사회에서 여자들을 통제하려는 의도였다고 읽히는데, 동의하는 부분과 그렇지 않은 부분도 있다. 일부다처제가 흔했던 과거에는 남편의 사랑을 차지하기 위해 여자들 간의 경쟁은 불가피했다. 또한 우리의 고부갈등에 관한 이야기는 여자의 적은 여자라는 말에 더욱 불을 지핀다.

예전에 여자들은 남녀 간의 로맨스나 중요시하는 인물들로 그려지는 경우가 많았다. 그러나 요즘 들어서는 여자들의 우정에 관한 드라마나 영화도 다수 제작되고 있다. 〈서른아홉〉, 〈멜로가 체질〉, 〈써니〉, 〈소울 메이트〉 등은 가볍게 치부되던 여자들의 우정도 남자들 못지않음을 보여준다.

드라마 〈경경일상〉은 여자의 적은 여자라는 상식을 가볍게 깨트린 여자들의 우정에 관한 이야기다. 드라마 속 여자들은 신분이 다르고 살던 곳도 각양각색이었다. 그런 그녀들이 같이하고 우정을 나누며 서로에게 살아가는 힘을 준다.

처첩이 스승과 제자?

〈경경일상〉은 가상의 세계 구천을 배경으로 한다. 구천은 각기 다른 특색을 지닌 아홉 개의 나라들을 말한다. 각 나라들은 자연환경과 지리적 특징에 따라 고유의 색깔을 가지게 되었다. 군사력이 강한 묵천, 강수량이 풍부한 연천, 남녀가 평등한 제천, 여인이 집안의 주인인 단천, 상업이 발달한 금천 등이 대표적이다. 이들 나라들은 패권을 갖기 위해 수년 동안 전란을 치렀다. 그 결과 신천이 승리를 거두고 수장 격인 나라가 된다. 구천이 가상의 세계로 나오지만, 고대 중국에서 국토를 9개의 주로 나누었던 것에서 구주라고 불렸던 때를 모델로 삼은 것 같다. 구주는 중국 전 지역의 의미로 사용되며 천하나 세계를 의미하기도 한다. 중국에서 9라는 숫자는 '장수한다' 또는 '좋은 관계가 오래 지속된다.'라는 의미를 지니고 있다. 구(9)라는 의미는 제목과도 상통하는 면이 있다. 그런데 만약 여인이 주인인 단천이 패권을 가진 나라가 되었다면 어떻게 이야기가 바뀌었을지 흥미로워진다. 신천의 방법대로라면 각 천의 남자들이 단천으로 장가들러 왔을 것이다.

구천의 나라들은 백년의 평화 조약을 맺었고 각 천의 혼인 적령기 여인을 뽑아 신천 소주와 혼인시켜 동맹을 강화하도록 한다. 그런데 수장 격인 신천은 적서 구분과 남존여비 사상이 가장 뚜렷한 나라였다. 중국의 역사에서 신천과 닮은 나라를 꼽는다면 한 나라를 들 수 있다. 유교가 중심이 되었고 통일 왕국의 기틀을 마련했다는 점이 비슷하다.

제천 출신 이미는 한미한 가문 탓에 측실 부인이 되고, 금천주의 맏딸이었던 원영이 정실부인이 된다. 보통 처첩 간의 갈등으로 시기, 질투, 음모가 시작되지만 두 사람은 그렇지 않았다. 이미도 처음에는 고향으로 돌아가고 싶어 하지만, 6소주인 윤쟁을 좋아하게 되면서 신천에서 살기로 한다. 원영은 모든 능력이 출중

하며 정치적 화친으로 신천에 오게 된 여인이다.

이미는 정실부인이 되어 윤쟁 곁에 남고 싶어 한다. 그러나 원영의 존재로 인해 아미가 정실부인이 되기란 불가능에 가까웠다. 뜻밖에 원영은 처음 만난 윤쟁에게 조정에서 자리를 잡으면 당당하게 떠날 수 있게 해 달라고 한다. 원영은 정치적 이유로 신천에 왔기 때문에 윤쟁의 문제가 해결되면 고향으로 돌아가 자신의 꿈을 펼치고 싶어 한다.

고대에는 여자에게 이혼할 자유가 사실상 없었기 때문에 원영은 윤쟁에게 이 부분을 약속받고 싶은 것으로 보인다. 원영은 이미에게 윤쟁은 자기 동지일 뿐이며 당신이 집안을 관리할 능력을 갖출 때까지 학업과 품행을 가르치는 선생이 돼 주겠다고 한다. 원영은 이미를 능력 있는 정실부인으로 만들기 위한 훈련에 돌입한다. 아무리 이들의 이해관계가 서로 맞았다고 하더라도 어떻게 이런 관계 성립이 가능하게 된 건지 세 사람이 대단해 보일 뿐이다.

원영은 이미에게 장부 보는 법부터 집안 관리 방법까지 가르쳐 주는 스승이 돼 주고 이미는 이를 순순히 따른다. 처첩의 사이라고는 보기 힘든 흥미로운 사이라고 할 수 있다. 그리고 시간이 흐르면서 이들은 진정한 식구가 되어 간다. 관저 연회 사건과 윤쟁이 조정에서 개혁 정책을 펼치다 관저 폐쇄라는 위기를 맞는다. 집안의 위기를 해결하려 과로하게 된 원영은 병이 난다. 이를 계기로 원영과 이미 두 사람은 서로의 처지를 이해하고 오히려 속마음을 나누는 사이로 더욱 가까워지며 우정을 다진다. 위기는 관계를 강화하는 촉매제란 말이 있다. 위기를 극복하며 이미와 원영은 진심을 담아 서로를 걱정하고 행복을 빌어주는 친자매와 같은 사이가 된다.

동해당과 절기 낭자들

이미와 원영 못지않게 돈독한 우정을 나누는 여인들이 있다. 3소주의 정실부인 동해당과 절기 낭자들이다. 그녀들의 표현을 빌자면 망할 3소주가 여인들을 꼬드겨 데려와선 각 절기 이름을 붙여주었다는 것이다. 그녀들은 처첩 사이를 넘어선 관계들이다. 이들은 사이가 좋아도 너무 좋았다. 맛있는 음식을 해 먹으며 서로의 생일도 챙겨주고 마음을 나누며 그녀들끼리 재미있게 지내고 있다. 절기 낭자들을 처음 만나 놀란 이미에게 동해당은 "우린 늘 이러니까 놀랄 필요 없어. 속상한 일을 말할 데가 없거든." 그녀들이 이리 똘똘 뭉칠 수 있었던 건 아마도 3소주라는 공동의 적이 있어서이다. 이곳은 마치 여인들의 왕국 같은 곳이었다.

여인들이 이렇게 뭉치게 된 이유는 그녀들의 남편 3소주가 이기적인 인간이었기 때문이었다. 처첩들을 물건처럼 취급하고 과시하기 좋아하는 인간 말이다. 3소주는 사랑이란 명목으로 여인들을 구속하고 지배하려 한다.

3소주는 후사가 안 생기자 당연히 처첩들의 문제라고 생각하고 모두에게 진맥을 받아보게 한다. 의원이 처첩들이 그동안 회임이 안 된 건 남자 문제라는 진단을 내리자, 자신감 넘쳤던 소주는 고민에 빠진다. 어느 날 부인과 절기 낭자들이 온갖 방법으로 회임을 피한 사실이 밝혀지고 소주는 노발대발한다. 여인들이 자신을 좋아한다는 착각에 빠져 살던 소주는 충격에 빠진다. 달면 삼키고 쓰면 뱉는 이기적인 소주에게 절기 낭자들은 그간의 설움을 토해내며 더 이상 못 참겠다며 모두 집을 나간다. 동해당은 끝까지 절기 낭자들을 챙긴다. 사실 가장 대단한 여인은 열여섯 명의 절기 낭자들을 들일 때까지 받아준 정실부인 동해당이다. 같은 여인의 처지를 이해해 주고 이끌어 준 동해당의 아량과 동지애는 지금껏 절기 낭자들이 소주부에서 살게 한 힘이다. 그녀들은 서로의 부족함을 채워주고 서로에게 위안이 되어주는 그런 존재들이다.

구천미식회 전국 분점

 살길이 막막해진 절기 낭자들에게 이미와 원영은 요리 주점을 경영하자고 제안한다. 그러나 여자들에게 보수적인 신천에서는 점포를 임대하는 일부터 난관에 부딪힌다. 하지만 그녀들은 결국 점포를 인수하고 구천의 미식을 파는 '구천미식회(九川美食會)'라는 주루를 열게 된다. 이미와 여인들은 공동출자 방식으로 자금을 모으고 각자의 재능에 맞는 일을 맡기로 한다. 늘 남자에게 기대어 살수 밖에 없었던 여인들은 자기 손으로 뭔가를 할 수 있다는 기대와 희망으로 가득했다.

 드디어 개업식 날. 만반의 준비를 마친 여인들은 제법 많은 손님을 보며 기뻐한다. 하지만 3 소주가 자신의 지위를 이용해 개업 장을 훼방 놓는다. 이미와 여인들은 당당히 맞서서. "우리는 머리에 뿔이 달리거나 험상궂게 생기지 않았어요. 다른 사내 전주들처럼 두 손으로 할 일을 하고 두 발로 우리 길을 걸어갈 뿐입니다."라며 당차게 선전포고한다. 여인들이 장사하는 일이 괴물로 보일 만큼 편견 가득한 신천에서 그녀들은 첫 도전을 한 셈이다.

 에린 프렌치는 〈더 로스트 치킨〉에서 자기 경험을 담아냈다. 딸로 태어났다는 이유로 아버지에게 당한 정서적 부당함과 행복하지 않았던 결혼 생활 등이 이야기의 시작이다. 특히 에린이 약물 중독으로 입원했던 재활원에서 만난 여성들과 서로의 상처를 치유해 가며 희망을 그려낸 여성 공동체 '로스트 치킨'을 만들었다고 한다. 그녀들은 제목처럼 삶에서 길 잃은 사람들을 위해 사랑과 정성이 담긴 음식을 대접한다. 이미와 여인들 또한 '구천미식회'를 통해 타지에서 맛보는 고향의 음식들을 통해 사람들에게 그리움과 정을 느끼게 하고 싶었을 것이다. 더 나아가서는 억압된 삶을 살고 있는 신천의 여성들에게 희망과 용기를 주기 위해서였다.

이렇게 위기가 닥쳤을 때 그녀들은 더욱 하나가 되고 동지애가 넘친다. 이후 구천미식회는 분점까지 늘리며 승승장구한다.

지켜진 약속

드라마 후반부에는 원영과 윤쟁의 약속도 마무리가 되고 둘은 이혼하게 된다. 비록 혼인이라는 굴레에 묶여 있긴 했지만, 이 둘도 남녀 간의 사랑이 아닌 동지애를 나눈 사이다.

이별을 앞둔 이미는 원영에게 서약서에 서명하라고 한다. '금천 군준 원영은 제천 출신 이미와 약속한다. 제때 하루 세 끼를 먹고, 매일 4시진 이상 자야 하며, 매달 최소한 사흘은 쉬어야 한다. 적당히 신체를 단련하고, 아플 땐 곧바로 의원에 가며, 제때 약을 먹는다. 이 모든 걸 절대 미루지 않는다.' 너무나 일상적이지만, 이런 관심과 애정이 담긴 내용을 보고 어느 누가 감동하지 않을 수 있을까? 두 여인이 식구가 돼가면서 서로에게 준 선물 같은 우정이다.

우정에 대해 최초로 정의 내린 사람은 철학자 아리스토텔레스라고 한다. 그는 우정은 '상호 간에 오가는 신뢰'라고 말하며 세 가지 이름의 우정을 제시했다. 서로에게 도움이 되는 우정, 기쁨이 되는 우정. 진정한 우정. 이미와 원영 또한 처음부터 우정이 있었던 것은 아니다. 이미와 원영은 같이 살며 시간을 보내고 시련과 어려움도 극복해 내며 우정을 쌓은 것이다. 그녀들은 처첩의 사이를 넘어서 아리스토텔레스가 제시한 세 가지 우정에 모두 부합되는 여인들이 된 것이다.

몇 해 전 6시 내 고향 같은 농촌 프로그램을 본 적이 있다. 두 할머니가 형님 아우 하며 한집에서 아옹다옹 지내고 있는 내용이다. 할머니 두 분도 처첩의 사이다. 할아버지가 일찍 돌아가신 후

갈 때 없던 아우 할머니를 내보내야 했지만 그러지 못하고 같이 살고 있다는 것이었다. 이미와 원영과는 다른 경우지만 두 할머니는 티격태격하면서도 끼니를 걱정하고 건강을 걱정 해주는 사이였다. 두 할머니도 처음엔 처첩으로 시작했지만 어느샌가 식구가 되어 있었다. 식구가 별건가 같이 밥 먹고 일상을 같이하고 안부를 걱정하는 사이면 되는 거지.

〈경경일상〉의 여인들이 나눈 우정은 신뢰를 바탕으로 이룬 식구 같은 편안함이다. 또한 그녀들의 우정은 진취적이고 용감하며 서로를 성장시킨다. 우리는 좋은 친구를 갖길 바란다. 우정은 일방적인 관계가 아니다. 서로가 서로에게 좋은 친구가 되기 위해 부단한 노력이 뒷받침되어야 한다.

7. 어제는 원수, 한때는 지기

당가주모(当家主母)

힘내요
잘 살아가야죠
좋은 삶을 살았다고
말해야죠
좋은 삶이 뭔데?
하고 싶은 걸 하는 거죠

- 당가주모 中 -

한 남자를 사랑하며, 무슨 이유에서든 그 둘이 우정을 나눌 확률은 얼마나 될까? 우리나라 대표 여성 감독 임선애의 독립영화 〈세기말의 사랑〉도 한 남자를 사랑한 두 여자의 독특한 우정을 담아낸 이야기다. 짝사랑 때문에 전부를 잃고 세기말이라 불리며 칙칙한 인생을 살아가는 영미와 그녀의 짝사랑 남과 결혼한 전신마비 장애인이자 자원봉사자들 사이에서 지랄 1급으로 불리는 유진이 있다. 〈세기말의 사랑〉은 그 둘이 돈 때문에 얽혀 뜻하지 않은 동거를 하게 되면서 서로의 처지를 이해하게 되는 두 여자 이야기다.

우리 주변의 많은 삼각관계는 세 사람이 이미 서로 알고 있는 경우가 많다. 남자가 둘이든 여자가 둘이든 그들은 친구일 가능성 또한 높다. 친구인 그들은 취향, 취미, 생각 등이 닮아간다. 그러면서 이성을 보는 눈도 비슷해질 확률이 농후하다. '잘못된 만남'이나 '친구의 친구를 사랑했네' 같은 노래 가사가 공감을 사는 것도 이런 이유일 것이다.

누구나 둘만의 달콤한 사랑을 원하지, 복잡 미묘한 삼각관계에는 빠지고 싶지 않을 것이다. 더구나 어릴 적 친구가 연적이 된다면 그야말로 사랑과 우정 사이에서 선택의 갈림길에 서게 된다. 〈당가주모〉는 가문을 지키려 했던 심취희와, 사랑이 최고의 가치라 여겼던 증보금이 한 남자와 각사(수를 놓듯 자유롭게 무늬를 넣는 중국의 비단 직조 방법) 실력을 놓고 경쟁하며 벌어지는 이야기다.

가모 심취희

"강남 최대 직조방인 임가의 마님인 심취희잖아. 이곳 소주에서는 대단한 사람이라고. 어떤 여자는 남자보다 더 대단해. 심 씨는 원래 임가의 민며느리였대. 장사를 해 본 적도 없는데, 오로지 자기 힘으로 성공한 거야."

허울뿐인 정실부인 심취희는 남편에게 사랑받지 못했고 그래서 사랑 따원 믿지 않는다. 남편이 죽마고우였던 자신의 첫사랑 증보금을 첩으로 들이는 것을 반대했지만 소용이 없었다. 그러다 증보금과의 혼례 전날 남편이 실종된다. 만약 〈당가주모〉가 수사물이나 스릴러물이었다면 부인인 심취희를 가장 먼저 의심했을 것이다. 그녀는 그만한 동기와 능력, 재력을 충분히 가지고 있는 인물이기 때문이다. 임설당의 실종으로 가주의 자리가 비자 집안의 장로들은 가주 자리를 남편의 동생에게 넘기라며 심취희를 압박한다. 가주였던 남편은 집안일은 나 몰라라 하며 글과 서화에만 빠져 있었다. 장로들도 이 사실을 뻔히 알았지만, 능력 있는 심 씨로 인해 임가의 가주 자리가 바뀔까 봐 불안했다.

심취희는 후손이 없다는 이유로 입지가 위태로워지자, 증보금의 아들인 수산을 빼앗듯 데려와 가모의 자리를 유지한다. 이제껏 가문을 지켰을 뿐 아니라 일으킨 거나 다름없는데도 심취희의 공로는 온데간데없이 사라진다. 자식이 없다는 이유로 그녀의 자리를 흔든다니, 남편의 사랑 없이 자식이 어디서 생겨나는 것도 아닌데 말이다.

실력이 뛰어난데도 기예 경합에서 심취희가 우승하지 못하자, 집안의 장로들은 이때다 싶어 그녀를 별채로 쫓아내고, 가주의 영패까지 차남에게 넘긴다. 쫓겨난 별채 생활은 감금이나 다를 바 없었다. 그럼에도 그녀는 낙담하거나 불평하지 않는다. 오히려 각사 일에 몰두하고 아들을 돌보는 데 최선을 다한다. 그녀는 자신만의 일이 있었기에 남편의 사랑이 없어도, 고난이 닥쳐와도 의연할 수 있었다. 더욱이 그 분야 최고의 전문가라면 더 말할 것도 없다. 〈프랑켄슈타인〉의 작가 메리 셸리도 불행한 가족사와 고난의 연속에서 살았다. 어머니로서 큰 고통이었을 자녀 셋을 잃었으며, 남편 또한 배가 침몰하여 목숨을 잃었다. 셸리는 마지막

남은 아들을 위해 헌신하며 전문 작가로서의 삶을 불태웠다.

 차남인 여풍이 집안을 맡은 후 임가는 가세가 기울기 시작한다. 얼마지 않아 여풍이 감옥에 갇히는 일이 생기고 심취희는 집안의 가보까지 뇌물로 바쳐가며 여풍을 빼낸다. 이 일로 심취희는 다시 가주 역할을 맡게 되고 집안을 살리기 위해 노력한다. 세상의 오해와 편견에도 심취희는 남편이 살아있다고 믿으며 가업과 집안일에 최선을 다한다.

 아들의 글 선생이었던 위량궁은 그녀의 고충을 알아주고 처지를 이해해 준다. 그에게 느꼈던 고마움과 위로는 어느새 사랑으로 변해간다. 나이와 신분도 문제가 되지 않고, 자신의 전부를 걸 만큼 소중한 사람이 생기고 나서야 그녀는 남편의 사랑을 이해할 수 있게 된다.

 심취희는 얼마지 않아 사랑하는 사람의 죽음으로 살 희망이 없어졌지만, 그녀는 살아야 했다. 그녀에겐 각사의 발전과 책임져야 할 집안 식구들, 소주의 사람들이 있다. 이후 심취희는 어떻게 살아야 할지 생각하게 되었고, 규율에 얽매여 산 자신을 돌아보게 된다. 벤저민 프랭클린이 '긴 인생은 매우 좋지 않을 수도 있다. 그러나 좋은 인생은 매우 길다.'라고 말했듯이 심취희는 인생에서 자신이 지키고자 했던 집안의 영광 말고도 좋은 인생의 의미를 깨달았을 게 분명하다.

오랜 시간 임설당이 돌아오지 않자, 심취희는 남편을 죽였다는 누명을 쓴다. 사형 집행을 기다리는 심취희 앞에 소주 사람들은 마님은 죄가 없다며 항변한다. 그 순간 칠 년 만에 남편, 임설당이 모습을 드러낸다. 사람들은 임가 나리가 왔다며 반겼고, 임설당의 두 부인은 넋이 나간 모습이었다. 죽지 않고 살아 있으면서 소식도 없이 이제야 나타나다니 두 여인은 기가 막힐 노릇이었다.

상황이 정리되고 임설당은 심취희를 찾아와, "나는 당신에게 많은 빚을 졌어. 아이를 낳자. 여인의 삶에 아들의 보살핌이 있으면 좋잖아. 아들과 함께, 임가를 지켜줘. 난 보금과 수산을 데리고 멀리 가서 관리가 될게."라고 말한다.

위량궁을 그리워하던 심취희는 이기적인 그의 태도에 두말없이 이혼하자고 말한다. 임설당이 없는 동안 사랑이라도 해봐서 다행이지 하마터면 남편의 요구를 고마워하며 덥석 수락할 뻔한다. 그녀는 더 이상 임설당을 사랑하지도, 그를 위해 가문을 지켜야 할 의무도 없어졌다. 그녀는 임가의 마님이 아닌 심취희로 살기로 마음먹는다.

이혼 후 심취희는 금계방을 열고 신분과 가문을 따지지 않고 제자를 받아 후학 양성과 여인들의 자립을 돕는 삶을 산다. 심취희는 드디어 임가의 가문을 위해서가 아닌, 진짜 자신이 하고 싶은 일을 하며 살아가게 된다.

사랑밖에 난 몰라

증보금은 죽마 고우 임설당과 평생을 사랑하며 함께 할 줄 알았다. 그녀는 아버지가 관리인 덕에 남부러울 것 없이 살며 금지옥엽으로 자란다. 그러다 아버지의 죄로 집안이 망하고 증보금은 기녀의 처지가 된다. 증보금은 한순간에 나락으로 떨어진 자신의 상황을 받아들이기 힘들었지만 그래도 살아야 한다면 누군가의 도움이 필요 했다. 그녀에게 하나의 희망이 있다면 임설당을 기다리는 일이다. 얼마 후 평생의 사랑은 너밖에 없다며 임설당이 찾아와 거액을 주고 그녀를 데려간다.

증보금은 원래는 자신이 임가의 가모가 되어야 했으나, 심취희가 이미 임설당의 정실부인이었기 때문에 첩이 될 수밖에 없는 처지다. 그러다 혼례 전날, 임설당이 실종된다. 임신 중이었던 증보금은 눈앞이 캄캄해진다. 남편이 있어야 임가에 들어가 편히 살며 아이를 키울 수 있을 텐데 그럴 수 없게 된 것이다. 만에 하나 임설당이 돌아오지 못한다면 아이는 아비 없는 자식으로 자랄 것이다. 의지할 때라고는 남편밖에 없는 증보금은 그가 돌아오기만을 바라는 수밖에 없었다.

어느 날 심취희가 자신의 가모 자리 유지를 위해 소중한 아들 수산을 빼앗아 간다. "넌 옥에 갔다가 기녀가 된 몸이야. 아이가 네 밑에서 자라면 세상이 아이를 어떻게 대할 것 같아?" 임가의 가모였던 심취희는 가문의 유일한 아들이 될지도 모르는 아이를 증보금이 키우게 할 수는 없었다. 또한 아이는 임가의 가업을 이을 장자다. 심취희는 가문의 앞날을 위해 적모인 자신이 키우는 게 아이를 위한 길이라고 생각한다.

증보금은 아들의 미래를 위해 아이를 임가로 보냈지만 언젠가 이 원수를 갚겠다고 다짐한다. 한때는 아씨로 불리며 세상 부족한 것 없던 자신이 이렇게 비참한 처지가 되었는지 억울할 뿐이다. 게다가 소중한 아들을 지킬 힘조차 없는 어머니가 된 것이 슬프고 아이에게 한없이 미안했다.

증보금은 아들을 되찾기 위해, 임가의 사업을 망치는 방법을 찾는다. 그래야 심취희가 곤란을 겪고, 사람들이 그녀를 원망할 거라 짐작한다. 증보금은 힘 있는 관리가 된 사형을 찾아가 임가의 사업을 망쳐달라 부탁한다. 증보금은 어떻게 해서든 심취희를 고통 속에 빠뜨리고 싶었다. 임설당과 혼인하지 못한 것도, 아들을 뺏긴 일 모두 심취희 탓으로 돌린다. 그러나 증보금은 임가에 딸린 식구들과 임가에 의지하는 사람들이 고통 속에 살 거라는 생각은 하지 않는다. 복수에 눈이 멀어 한 치 앞 밖에 못 보는 증보금은 애초에 임가의 가모 자리에는 어울리지 않는 인물이다.

위기를 겪던 임가의 재건에 자신이 도움을 주었다고 생각해 분노한 증보금은 심취희를 찾아간다. 그리고 그녀에게 집안 간의 뒷이야기를 들은 증보금은 그제야 사실을 깨닫는다. 임설당과의 사랑의 도피를 막은 사람이 심취희라고 생각해 그녀를 원망하고 오랜 시간 자신은 피해자라고 생각했다. 부모와 남편도 잃고 자식까지 빼앗긴 증보금은 더 이상 살 이유가 없어진다. 강에 뛰어들어 죽으려는 증보금을 심취희가 달려와 막는다. 그녀는 아들과 설당을 위해 살아야 한다며 오히려 증보금을 설득한다. 심취희는 임가의 가모에 너무나 적격인 여인이다. 그녀가 하는 말과 행동이 설령, 오해를 받더라도 가문에 도움이 된다면 모두를 수용하는 여인이다.

중보금은 심취희가 아들을 구박할지도 모른다는 생각에 위량궁을 아들의 스승으로 삼고 싶어 한다. 한 아이의 어머니로서 최소한의 보호장치이자 위량궁에 대한 신뢰에서 나온 행동이다. 그런데 위량궁과 심취희가 사랑에 빠지고, 중보금은 두 사람을 위해 사랑의 오작교 역할을 자처한다. 중보금은 심취희를 만나기 위해, 임가의 마당에서 무릎까지 꿇는다. 그녀는 어째서 이런 수모까지 자처했을까? 사랑이 전부라 믿는 중보금은 다른 사람들의 사랑도 지켜줘야 할 가치가 있다고 생각하는 여인이다.

이 일을 계기로 두 여인은 비밀을 공유하는 사이가 된다. 중보금은 위량궁의 죽음으로 슬퍼하는 심취희를 진심으로 위로해 준다. 진심은 진심으로 갚는 법, 심취희는 중보금을 임가로 데려오고 아들을 만나게 해준다. 그리고 최선을 다해 중보금에게 각사 기술과 지식을 전수해 준다. 두 여인은 각자에게 줄 수 있는 최선을 나누어 준다.

심취희의 사형이 집행되려는 순간, 임설당이 나타난다. "나, 임설당은 살아있고 심취희는 죄가 없소." 칠 년 만에 나타난 임설당은 심취희의 무죄 증거였다. 임설당은 중보금은 외면한 채 심취희에게 간다. 중보금이 평생의 사랑이라더니, 조강지처가 우선이었던 걸까? 형장에 있는 사람들은 임설당이 심취희에게 자상하게

구는 모습을 흐뭇하게 바라본다. 그러나 증보금만은 임설당에게서 눈을 떼지 못하고 복잡한 마음으로 그들을 바라본다. 이미 심취희와의 우정이 깊어져 서로의 목숨까지 의지하게 된 증보금은 오매불망 기다리던 남편과 그녀를 그저 바라볼 수밖에 없었다.

임설당은 칠 년 동안 나타나지 않은 이유를 동생에게만 말해준다. 임설당은 심취희는 동고동락한 피를 나눈 가족이라 여기고 증보금은 평생을 사랑할 여인으로 생각한다. 그는 둘 중 누구도 선택할 수 없어서 돌아오지 못한 것이라 말한다. 칠 년을 돌아오지 못할 만큼, 같은 무게로 그녀들을 사랑한 임설당은 알지 못했다. 이미 그녀들은 둘도 없는 지기가 되었다는 것을. 그리고 그녀들은 누구도 임설당에게 돌아오지 않은 진짜 이유를 묻지 않는다. 누구에게나 말하지 못할 비밀은 있을 거라며 추궁하지 않는다.

임설당과 심취희의 이혼으로 증보금은 첩이 아닌 정실부인으로 온전한 가정을 이루며 살게 된다. 더불어 임가의 가모 역할도 해야 한다. 사랑만을 위해 살던 증보금은 가모로, 어머니로, 부인으로 살아가게 된다. 증보금 또한 그녀가 원했던 삶을 살아가게 된다.

일생의 숙적, 평생의 친구

"보금, 줄곧 하고 싶었던 말이 있어. 넌 대단한 사람이야. 내 일생의 숙적이면서 또 평생의 친구지." "우린 영원한 친구예요."

심취희, 증보금, 임설당은 어렸을 적 친구다. 이들의 위태로운 삼각관계는 이때부터 시작된다. 증보금과 임설당은 사랑하는 사이가 되고 심취희는 남편의 사랑을 갈구하는 임가의 가모가 된다. 잘나가던 증보금의 집안이 망한 후 기녀가 된 보금을 설당이 데려온다. 임설당의 실종으로 두 여인은 서로 다른 의미로 앞날이 막막해진다. 심취희는 가모 자리가 위태로워졌고, 증보금은 앞날을 보장받을 임가로 들어갈 수 있을지가 불확실해진다. 심취희가 가모의 자리 유지를 위해 증보금의 아들을 데려가면서 두 여인의 관계는 최악이 된다.

증보금의 부탁으로 위량궁은 임가로 들어가 아들의 스승이 되어 주고 심취희와도 친분을 쌓는다. 증보금은 일부러 심취희가 사랑이라는 감정을 모른다며 설당과 자신의 사랑을 과시하곤 했다. 각사와 자수도 예술의 한 부분이라, 표현에 한계를 느끼던 심취희는 절망에 빠지곤 한다. 심취희는 임가를 이끄는 강하고 당당한 여인이었지만 그녀도 사랑받고 싶어 하는 여인이다.

어느 순간 심취희와 위량궁은 서로에게 스며들 듯 마음을 나누는 사이가 된다. 그리고 심취희를 미워하기만 하는 줄 알았던 증보금은 어느새 이 둘의 사랑을 가장 응원하는 사람이 된다. 위량궁의 죽음으로 비탄에 빠진 심취희에게 진심으로 위로한 사람도 증보금이었다. 다른 사람은 알아서는 안 되는 감정이었기에 두 여인의 관계는 급속도로 가까워진다. 한 남자를 원했다, 관계가 정리되면서 둘은 더 이상 경쟁할 필요가 없어졌기 때문일까? 둘은 세상에서 둘 도 없는 우정을 나누는 사이가 된다. 비슷한 처지의 두 여인이 지기가 된 것이다.

독립영화 〈세기말의 사랑〉에서 영미와 유진은 각자의 콤플렉스가 있다. 서로가 갖지 못한 건강한 몸과 예쁜 외모. 어느 날 우연히 영미의 친척 오빠를 만나게 된다. 가족에게조차 이용의 대상이었던 영미는 오빠에게 빌려준 돈을 조금이라도 갚아 달라고 사정한다.

하지만 오빠는 오히려 영미를 탓하며 전과자라 갈 때도 없을 텐데 자기 가게에 와서 청소라도 하라고 한다. 이 말을 듣고 있던 유진은 "에이, 씨발. 어디서 개 시궁창 냄새가 나는 거야? 드럽게." 유진은 당하고만 있는 영미를 대신해 사이다 발언을 던진다. 영미는 살면서 누군가 자신을 위해 대신 싸워 준 적이 처음임을 알게 된다. 비록 유진이 짝사랑했던 남자의 부인이지만 온전한 내 편이 생긴 것 같은 기분이 든다. 영미에게 유진은 질투의 대상에서 자신을 챙겨주고 편들어 주는 사람으로 바뀐 것이다.

임설당이 돌아왔을 때 그는 두 여인이 그토록 기다리던 가치 있는 남자가 아니었다. 오히려 그동안 두 여인이 쌓은 정이 더 깊어진 것이다. 임설당은 칠 년이란 시간 동안 선택의 결정장애에 휩싸여 돌아오지 않았다. 심취희의 사형 소식이 들리지 않았다면 더 오랜 시간 오지 않았을 텐데 두 여인이 계속해서 자기를 기다릴 거란 근거 없는 자신감은 어디서 나온 것일까?

이후 천하제일 각사 대회에서도 두 사람은 선의의 경쟁을 펼친다. 일과 사랑을 최고의 가치로 여겼던 두 여인은 좋은 인생의 의미를 알아가며 계속해서 우정을 나누며 쌓을 것이다. 한때, 한 남자를 사랑하며 서로 가질 수 없는 것에 질투를 느꼈고, 어느 순간 서로를 가장 잘 아는 지기가 되어버린 두 여인의 파란만장 우정 이야기였다.

친구가 될 수 없는 조건의 두 여인이 친구가 된다. 심취희와 증보금 그리고 영미와 유진. 어느 순간 서로를 가장 위하는 우정을 나누는 사이가 된 그녀들은 이 세상 누구보다 가장 든든한 지기가 되어 준다. 그녀들은 안다. 질투가 우정이란 이름으로 변했을 때 진짜 내 편이 생긴 그 든든함이 무엇인지를.

3부 성장

8. 가문을 살린 미운 오리 새끼

언어부(嫣語賦)

운명이라는 걸
믿지 않기 때문이겠지.
설령 운명이라 해도
목숨을 걸고
지푸라기라도 잡으면서
운명에 굴하지 않을 거야.

- 언어부 -

재작년 드라마〈이상한 변호사 우영우〉가 한창 뜨거웠다. 남들과 다르다는 이유로 미운 오리 새끼 취급을 받다가 세상에 나와 성장하며 백조로 성장하는 주인공의 이야기다. 천재적인 두뇌를 가졌지만, 자폐스펙트럼을 같이 지닌 우영우는 주변 사람들에게 환영받지 못한다. 어릴 때 친어머니에게조차 버림받기도 한다. 〈언어부〉의 추언도 총명하지만, 아들이 아니라는 이유로 추씨 가문의 골칫덩이 취급받다 위기의 순간 가문을 구하게 된다.

추언은 추씨 집안 둘째 부인의 장녀로 태어났다. 추씨 집안은 아들이 귀했다. 추언의 생모는 내가 아들을 낳았다면 비록 첩이라도 어깨에 힘주고 살았을 거라 한탄하며 살아온 여자다. 더구나 아무 죄 없는 추언을 외면한다. 본인이 낳았는데 그 책임을 어린 추언에게 전가한 셈이다. 생모조차 외면한 추언을 본처 한씨가 품어준다. 평생을 매사 조심하며, 움츠러든 삶을 살아온 한씨는 추언만은 그러지 않길 바랐다. 한씨의 바람 덕인지 추언은 씩씩하고 독립적으로 자란다.

추언, 순장의 위기에 처하다

 추언이 집안에서 맺어 준 남자와 혼례를 치르는 날, 신랑이 갑자기 피를 토하며 자리에서 죽고 만다. 설상가상 남자 집안에서 궁합과 사주를 들먹이며 추언을 아들과 같이 순장해야 한다며 억지를 부린다. 중국과 우리나라를 비롯한 여러 나라 과거의 순장 풍습은 평등하지 않은 신분제, 가부장제 사회였기 때문에, 스스로 죽거나 혹은 강제로 죽임을 당하기도 했다. 고위 관직에 있었거나 남편이 죽은 경우에도 신하나 아내가 순장을 당했다.

 문명과 사회의 발전으로 순장이 없어진 현대에는 당시의 야만적 풍습이 끔찍할 수도 있다. 요즘도 일부 어른들은 자식을 결혼시킨 후 집안에 안 좋은 일이 생기면, 집안에 사람이 잘못 들어와 그렇다며 며느리를 탓하는 경우를 종종 볼 수 있다. 추언은 부당하게 순장 당할 위기에서 벗어날 방법을 찾기 시작한다.

 간신히 집으로 도망 온 추언은 집에서도 마음이 편하지 않았다. 집안의 어른들이 추언에게 가문의 명예를 위해 절개를 지키고 순장에 응하라고 했기 때문이다. 도대체 가문의 명예라는 게 뭐길래 추언의 멀쩡한 목숨을 내놓으라 하는지 이해가 가지 않는다. 인도에는 사티라는 풍습이 있었는데 남편이 죽어 화장할 때 아내가 불 속에 뛰어들어 산채로 함께 화장되던 풍습이다. 사티라는 말이 힌디어로 '용감한 아내'라는 의미라고 하는데 용감한 이란 말이 이럴 때 쓰이다니 무식한 혹은 무모한 이라고 바꾸고 싶다. 1987년에도 인도의 라자스탄주에서 18세의 여성에게 강제로 사티가 행해져서 사회적 논란이 일기도 했다.

추씨 집안에서는 아버지와 어머니만이 추언의 편을 든다. 다른 가족들은 추언의 희생으로 가문의 명예만 드높일 생각만 한다 이대로 죽을 수 없었던 추언은 꾀를 내어 할머니의 마음을 돌리지만 절에 들어가 남편을 위해 불공을 드리며 평생 수절하라는 내용으로 바뀌었을 뿐이다. 추언의 입장에서는 순장이나 비구니가 되는 일은 모두 죽는 것과 다름없는 전혀 희망이 없는 결정이다.

상황을 받아들일 수 없었던 추언은 궁녀가 되어 여관 시험을 보겠다며 아버지를 설득한다. 위기가 올 때마다 포기하지 않고 방법을 찾느라 고민하는 추언을 보고, 동생 추민은 어머니에게 이렇게 말한다.

"여인의 수절은 예로부터 내려온 전통이에요. 언니가 이렇게 된 건 다 언니 운명인데 어머닌 왜 이렇게 언니를 두둔하세요?" "그건 아마도 추언은 운명이라는 걸 믿지 않기 때문이겠지. 설령 운명이라고 해도 추언은 목숨을 걸고 지푸라기라기라도 잡으면서 운명에 굴하지 않을 거야."

추민은 언니의 상황이 자기 일이었어도 운명이라며 태연히 말할 수 있을까? 사람들은 '내로남불'이라는 말을 자주 한다. 내게 다가온 가혹한 일은 있어서는 안 될 일이며, 다른 사람에게 닥쳐온 불행은 받아들여야 하는 운명은 아닐 것이다.

귀비가 추언에게 수절을 위로하며 편액을 하사하자 추씨 가문은 잔치를 벌인다. 추언은 의지와 상관없이 수절과부 노릇을 하게 생겼다. 같은 유교 문화권인 중국, 일본 조선은 여인들에게 수절을 강조했다. 그중 일본은 최상위계층인 사무라이 여성들에게만 정절을 강요했다. 그러나 중국과 조선은 그렇지 않았다. 특히 조선의 수절과부 강요는 도가 지나쳤다고 한다. 이것은 부계 중심의 가족제도가 더욱 강화되었기 때문이다.

편액 하사에 다들 기뻐하면서도 당사자인 추언에게는 걱정이든 축하든 다정한 말 한마디 해 주는 가족들이 없었다. 추언의 희생으로 주어진 영광의 편액은 이미 개인이 아닌 가문의 것이 되었기 때문일까? 추언은 가족들에게 철저히 무시의 대상이었다. 추언의 노력은 물거품이 됐고 꼼짝 없이 비구니가 되어 일생을 마치게 생겼다.

조선시대에 남편을 위해 절개를 지키거나 희생적인 삶을 산 여인들을 기리기 위해 세운 열녀문이 있다. 경상북도에 〈사도실 열녀문〉이란 이야기가 있는데 어린 부인이 병든 남편을 위해 자신의 허벅지살을 떼어 끓여 먹이고 병든 남편을 치료해 열녀문이 내려졌다는 일화다. 이 밖에 많은 내용이 여인의 희생을 담보로 가문의 이름을 떨치는 것이다. 가문을 위해 개인을 희생시키는 귀비의 편액이나 열녀문이 무슨 차이가 있을까? 이는 개인의 행복보다는 가문의 명예를 더 중요시한 것이다. 추언은 항변한다.

'모르는 남자를 위해 수절해야 한다니 이건 불공평해요. 다들 내가 남편을 잡아먹어서 죽어 마땅하다고 하는데 부인이 죽으면 남편은 어떻게 하죠? 반대로 아내가 죽은 남편은 재취를 들이는 것이 효도하는 것이라고 하죠. 똑같은 상황이라도 남자와 여자란 이유로 결론은 전혀 달라진다고요.'

남자들은 죽은 아내를 위해 수절하거나 열부에 대해 배우지 않는다. 오직 여성들에게만 열녀 되기를 강요한다. 이것은 철저한 남성 위주의 사고방식이다.

추언을 걱정한 어머니 한씨는 추언을 도망시키기로 한다. 어머니는 추언이 사라지면 자신이 곤란해질 것을 알았지만 딸의 행복과 앞날을 더 걱정한다. 그러나 추언은 처 해진 운명에 도망치지 않기로 한다. 신랑의 죽음이 의심스러웠던 추언은 남자의 집으로 들어가 그가 독사했다는 사실을 알아낸다. 아들이 좋아했던 정인이 눈에 안 찼던 부모는 여자를 죽이고, 그 사실을 안 아들은 혼례날 음독자살함으로써 부모에게 복수한 것이다. 남자의 아버지에게 추언은 자신의 치부를 감출 도구에 불과했다. 사실이 밝혀지며 혼인은 무효가 되었지만, 귀비의 편액도 무효가 되고 만다. 이로써 추언은 또다시 집안의 골칫거리가 되고 만다.

추씨 가문의 몰락

추언이 믿고 의지했던 어머니 한씨가 세상을 떠나고, 아버지는 공금횡령과 군주 기만죄로 파직당하는 일이 벌어진다. 추씨 집안은 혼란에 빠진다. 집안의 남자들은 감옥으로, 여인들은 교방사로 압송된다. 추언의 아버지 죄로 인해 가족들은 연좌제에 따라 같이 벌을 받게 된다. 더구나 이는 혐의에 대한 조사가 끝나기도 전에 내려진 처분으로 죄가 확정되기 전인데도 형벌부터 시작된 것이다. 현대에는 무죄추정의 원칙이 있어서 유죄 판결이 확정되기 전까지는 무고한 사람으로 여겨지는데 고대에는 일단 형벌부터 받다니 무척이나 억울해 보인다.

 교방사로 간 추씨네 여인들은 새로운 환경에 적응해야 했다. 그나마 다행이라면 함께 모여 있을 살 수 있다는 정도다. 열악한 환경에 불만과 불평이 쏟아진다. 서로의 탓을 하며 추언의 아버지를 원망한다. 지금껏 추언의 아버지만이 벼슬에 있었기 때문에 그나마 가문이 힘주고 살던 일은 다 잊은 듯했다. 이제껏 고생이라고는 모르고 살던 추씨 집안 여인들은 모든 일이 힘들고 고될 뿐이다. 그러나 다른 가족들과 달리 추언은 주어진 환경에 빠르게 적응해 간다. 오히려 가족들의 처지를 나아지게 할 방법을 고민하고 찾기 시작한다. 우리 속담에 '속 썩이는 자식이 나중에 크게 효도 한다.'라는 말이 있다. 집안의 골칫거리로 여겨지던 추언은 어느새 집안을 살릴 여인으로 성장해 가고 있었다.

가문을 살리는 여인

 힘든 노동과 마음의 병으로 할머니는 살날이 얼마 남지 않자, 추언에게 추씨가문의 여인들을 부탁한다는 말을 남긴다. "우리 추씨 가문 여인 중 그래도 네가 가장 낫구나. 하 공자의 일도 위조

은표 사건도 네가 나서서 해결했지. 가문 대대로 내려온 물건을 너에게 주마. 추씨 가문도 네게 맡기마. 부디 추씨 가문 여인들을 이끌고 잘 살려무나." 추씨 집안엔 숙모들과 추언의 생모도 있었다. 집안의 윗사람들을 두고 추언에게 가문을 부탁하는 할머니의 심정은 어땠을까? 어른이라고 다 같은 어른이 아니라 책임과 의무를 해낼 수 있는 사람이어야 한다.

예나 지금이나 진정한 어른의 모습은 어떤 것인지 고민해야 할 숙제다. 진짜 어른이란 어떤 모습이어야 할까? 드라마 〈나의 아저씨〉의 지안(아이유)는 좋은 어른, 동훈(이선균)을 만나 이제껏 느껴 본 적 없는 위로를 받는다. 추씨 가문의 여인 중 진짜 어른이 있었다면 추언도 위로받으며 살 수 있었을 텐데. 추언은 돌아가신 어머니 한씨가 더욱 그리웠다. 얼마 후 할머니가 돌아가시고 추언은 할머니의 유언을 지키리라 다짐한다.

추언과 추씨네 여인들은 외부의 도움으로 교방사를 빠져나온다. 배를 타고 도주하다 암초에 걸려 모두 사망했다는 알리바이도 만들며 그녀들은 자유의 몸이 된다. 모처에 숨어지내던 추씨 집안 여인들은 사면받을 수 있다는 추언의 계획을 듣는다. 그러나 황제를 속여야 한다는데 두려움을 느끼고 동참하길 거부한다.

추언은 "당장은 목숨을 건졌으니, 위험을 무릅쓰기 싫겠지만, 하지만 정말 죄인이라는 누명을 짊어지고 평생 살고 싶으세요? 그동안 제가 업신여김당하고 천시받으며 살았죠. 지금 추씨 가문의 남자들이 없으니 그 짐을 우리가 짊어져야 해요. 가문의 존망은 남자뿐 아니라 여자들에게도 책임이 있다고요."

이렇게 추언은 집안의 어른이었던 할머니가 남긴 반지를 보여주며 모두를 이끌고 고난을 견디라고 했다며 가문의 재기를 위해 같이 노력하자고 설득한다. 계획이 성공하고 얼마 후 추씨가문에 대한 사면령이 내려진다. 집안의 천덕꾸러기에서 집안을 살리는 일등 공신이 된 추언은 가족들에게도 인정받으며 자신이 원하던 새로운 삶을 꿈꾸게 된다.

앞서 말한 우영우는 로스쿨 수석을 하고도 취업이 쉽지 않았지만, 자신만의 방법으로 세상에 적응해 간다. "좌절해야 한다면 저 혼자서, 오롯이 좌절하고 싶습니다. 저는 어른이잖아요."

우영우는 어떤 것도 피하지 않고 당당히 마주하는 캐릭터다. 그건 자신이 어른이라는 명확한 인식이 있어서 가능한 것이다. 〈언어부〉의 추언도 남들이 정해준 운명이라는 굴레에 피하거나 뒷걸음치지 않았다. 순장에 처 해질 위기에서도, 가문의 몰락 앞에서도 문제를 해결할 방법을 찾는다. 추언에게 운명은 내가 만드는 것이지, 남이 만들어준 것이 아니다. 진짜 어른으로 성장한다는 것, 바로 나의 내면을 단단하게 만든다는 것이 아닐까.

9. 천하제일침에 대한 열망

풍기예상(風起霓裳)

세상의 모든 것은 자기만의
용도가 있단다
사람이든 물건이든 다 대신 할 수
있는 게 있지
어려운 일이 생기면 차분하게
생각해 보렴
그럼 대신할 것이나
해결 방법이 보일 거야

-풍 기예상 中 -

혼자 보는 영화가 좋을 때가 있다. 그 영화에 어마무시한 배우가 나오지 않더라도, 혹여 CG가 하나 없어서 뭔가 심심하더라도, 오늘밤 잘 고른 영화가 나를 얼마나 행복하게 만드는지는 아는 사람은 안다.

<질투는 나의 힘>이 딱 그랬다. 가진 사람과 가지고 싶은 사람의 이야기. 질투는 나를 성장시키기도 때론 초라하게도 한다. 나보다 예쁜 친구, 공부 잘하는 친구, 능력 있는 친구, 인기 많은 친구. 질투는 항상 '누구누구보다'라는 말이 들어간다. 비교 대상이 있다는 얘기다. 질투의 대상은 주변에 있는 경우가 많다. 텔레비전에 나오는 미모의 연예인이나 능력 있는 사람들은 부러워하거나 선망의 대상일 뿐 질투하는 경우는 드물다.

<풍기예상>은 한 여인의 '질투'에서 모든 사건이 시작된다. 우리 영화 <상의원>처럼 궁중 의관을 담당하던 '상복국'을 배경으로 이야기가 펼쳐진다. 어머니 안씨의 바느질 솜씨를 시샘한 탁금랑의 질투는 주인공 유리의 인생을 송두리째 바꿔놓는다.

모차르트와 살리에르

 '천하제일침'의 칭호를 받은 명장 안씨는 궁 밖에서 어린 딸과 조용히 살아간다. 안씨는 권력투쟁의 도구가 되는 게 싫어 명예와 부를 뒤로 하고 궁을 나왔다. 안씨의 딸고적 유리도 어머니를 닮아 천부적인 바느질 솜씨를 가지고 있다. 유리는 재능을 가지고 태어난 사람이다. 우리는 뛰어난 능력을 지닌 사람들에서 부모나 멀게는 조상까지 찾아내 '피를 이어받았네.' 하며 능력의 DNA를 찾으려 한다. 타고난 가능성을 무시할 수는 없겠지만 여기에 노력이 뒷받침되지 않는다면 어떤 일이든 절반의 성공으로 남을 가능성이 크다. 그에 반해 유리는 뛰어난 자질과 노력도 함께 갖춘 아이였다.

 한편 궁에서는 안씨의 제자였던 탁금랑이 책봉도 되지 않은 비의 황후 예복을 만든다며 분주했다. 탁금랑은 윗사람에게 자신이 만든 예복을 보여주었지만, 예전 사부 솜씨의 십분의 일도 못 미친다며 오히려 핀잔만 듣는다. 안씨가 없는 궁에선 자신이 최고 실력자라 자부했는데 안씨의 존재감은 여전히 탁금랑이 최고가 아니라는 것을 상기시킨다. 예비 황후에게 잘 보여 상복국 대가 자리에 앉고 싶었던 탁금랑은 안씨를 떠올린다. 그리곤 안씨를 협박해 예복 고치는 일을 떠맡긴다. 예복이 훌륭히 고쳐진다면 존재를 숨기고 지내는 안씨가 자신을 드러낼 리 없으니 모조리 자기 공이 될 것이다. 혹시 문제가 생기더라도 안씨에게 모든 죄를 떠넘기면 자신은 무사할 테니 손해 보는 일은 없을 거라 탁금랑은 생각한다.

안씨는 궁에서 벌어지는 권력 싸움이 얼마나 무서운지 알고 있다. 자칫 잘못 연루되면 없는 죄도 만들어져 목숨을 잃는 경우도 여러 차례 봤다. 평소 탁금랑의 사람됨을 알고 있던 안씨는 자신으로 인해 딸이 위험한 상황에 빠질까 봐 걱정한다. 안씨는 자신만의 바느질 비법서와 천하제일 바느질 장인 증표인 금바늘을 유리에게 준다. 아이를 위하는 어머니의 직감이란 무서운 것이다.

황후 예복은 결국 사달을 일으켰고, 탁금랑은 자신의 죄를 사부인 안씨에게 모두 덮어씌운다. 위기와 기회가 동시에 찾아온 거라, 생각한 탁금랑은 유리를 빌미로 안씨에게 비법서와 금바늘을 요구한다. 두 가지만 있으면 자신이 안씨의 명성을 뛰어넘는 것은 시간문제라 생각한 것이다. 그러나 안씨는 탁금랑의 뜻과는 달리 자살을 택한다. 이에 악독한 탁금랑은 안씨의 자살이 의심스럽다며 시체를 화장할 것을 주장한다. 심지어 탁금랑은 그 모습을 지켜보기까지 한다. 사실 그녀의 속셈은 안씨가 금바늘을 삼키고 죽었을까 봐 그것을 찾으려는 목적이었다. 안씨의 제자일

때부터 그녀의 재능과 명성을 탐내던 탁금랑은 목적을 위해서는 독한 짓도 서슴지 않는 여인이다.

모차르트를 질투하던 궁정악장 살리에르가 천재에게 질투와 시기를 느끼는 증상을 '살리에르 증후군'이라고 하는데 2 인자의 심리라고도 불린다. 노력파였던 살리에르는 모차르트 독살설 루머에 오르내린 적도 있다. 루머일 뿐이지만 살리에르가 모차르트를 얼마나 시기 질투했는지 짐작하게 하는 부분이기도 하다. 탁금랑은 안씨가 사라진 후, 머지않아 자신이 바느질 일인자가 될 거라 확신한다. 하지만 탁금랑은 짐작도 하지 못한다. 안씨를 뛰어넘는 천부적 재능을 가진 그녀의 딸 유리가 살아 있다는 것을.

소두자와 유리

어머니의 희생으로 겨우 목숨을 건진 유리는 손 내시의 극진한 보살핌을 받는다. 유리는 남장 내시 소두자로 손 내시를 의부로 모시며 살아간다. '등잔 밑이 어둡다.'라는 속담이 있다. 유리의 존재가 알려지면 그녀를 도운 사람들 또한 목숨을 보전하기 어려울 것이다. 유리에겐 가장 위험한 궁이 가장 안전한 곳이 되어버린 셈이다. 그러나 타고난 재능은 드러나기 마련인지 유리의 뛰어난 바느질 솜씨는 점차 주변 사람들에게 입소문이 나기 시작한다. 주머니 속의 송곳이란 뜻의 '낭중지추'는 유리를 두고 한 말이다. 한편 상복국의 탁금랑은 원하는 바를 이루고 탁 대가가 되었지만, 여전히 겸손과 아량이라고는 모른 채 살아간다.

어느 날 유리는 어머니의 유품인 염낭을 잃어버리게 되고, 안씨의 자수법을 알아본 탁금랑은 염낭의 출처를 캐기 시작한다. 탁금랑은 당황한다. 사부가 화장되는 장면도 직접 보았는데 끊긴 줄 알았던 안씨의 자수법을 할 수 있는 사람이 또 있다니 믿기지 않았다. 바느질 솜씨의 주인이 소두자라는 것을 안 탁금랑은 자수법을 알아내기 위해 유리를 상복국으로 데려오려 한다. 손 내시는 유리가 탁금랑과 얽혀 위험에 빠질까 봐 유리를 궁 밖으로 내보낼 계획을 세운다. 손 내시는 자식처럼 키워온 유리와 헤어지는 게 아쉬웠지만 아이를 위해서 어쩔 수 없는 선택이라 생각한다.

세상에 위대한 게 모정이라고 하지만 손 내시를 통해 부정도 못지않게 크다는 것을 보여준다. 게다가 손 내시는 생부도 아니었는데 양녀인 유리를 누구보다 아끼고 걱정한다. 유리의 출궁으로 손 내시 자신도 곤란한 상황에 놓일 걸 뻔히 알았지만, 그는 뒷일은 아랑곳하지 않는다.

 출궁한 유리는 여자인 본래의 모습으로 돌아가 오랜만의 자유를 실컷 즐긴다. 유리는 기억을 더듬어 어렸을 적 살던 집을 찾았고 아버지를 만나게 된다. 그러나 아버지는 딸을 알아보면서도 만나서 좋을 게 없으니, 앞으로도 모른 척하고 살자고 한다. 양아버지인 손 내시는 위험을 무릅쓰고 유리를 구하려 했고, 친아버지는 해를 입을까봐 오히려 친딸을 모른 척한다. 기른 정 나은정의 문제가 아니라 기본적인 인간의 도리가 무엇인지 생각하게 하는 단적인 모습이다.

 유리는 외삼촌 가게에서 그가 아버지처럼 자기를 모른 척할까봐 손님 행세를 한다. 생각지도 못한 아버지의 외면은 유리가 어머니를 더욱 그리워하게 만든다. 어쩔 수 없이 남자인 척 소두자로 살았지만, 그때 일이 아니었다면 어머니의 딸로 사랑받으며 평범하게 살고 있을 것이다. 뒤늦게 유리를 알아본 외삼촌은 그녀를 반기며 눈물을 보인다. 이런 게 피붙이의 정이지 않을까? 뒤에 올 위험보다 가족의 정을 먼저 생각하는 이런 모습 말이다. 외삼촌은 집으로 가자고 말한다. 유리는 '나에게도 돌아갈 집이란 게 있었구나.' 생각한다. 어디에 살든 가족과 같이 살면 집이 된다. 유리는 양아버지와 살던 궁이란 집을 떠나, 앞으로는 여인으로서 살아갈 새로운 집을 꿈꾸며 희망에 부푼다.

한편, 탁금랑은 사라진 유리를 계속 찾는다. 안씨의 자수법을 알고 있는 유리가 의심스러웠다. 탁금랑은 그 출처를 알아내기 위해 수단 방법을 가리지 않고 유리 주변 사람들을 괴롭히고 압박한다. 탁금랑은 급기야 유리에게 수배령까지 내리도록 만든다. 상복국 대가 자리가 이렇게 권세 있는 자리였나? 탁금랑의 집착은 타의 추종을 불허한다. 뒤늦게 수배령이 내려졌다는 사실을 안 유리는 궁에 있는 가족인 손 내시와 소순자가 걱정돼 궁으로 돌아갈 결심을 한다. 요정이 준 유리 구두를 신은 신데렐라처럼 짧은 시간 여인으로 변신했던 유리는 마법이 풀려 다시 소두자로 돌아가게 된다.

유리의 각성

궁으로 돌아온 유리는 감옥에 갇히는 신세가 된다. 탁금랑은 유리가 갇히자 제일 먼저 찾아와 옷과 바느질 기법에 대해서만 궁금해한다. 탁금랑의 바느질에 대한 집요함은 높이 살 정신임은 분명하다. 그러나 그 방법이 악랄하고 수단을 가리지 않는다는 점에서 응원받지 못하는 것이다. 유리는 탁금랑을 어머니의 제자로 생각해 그녀에게 호의적인 마음을 가지고 있었다.

  그러나 탁금랑은 "제자는 무슨 안 씨는 이기적이고 시기가 많은 사람이라 내게 기예를 전수해 준 적이 없어. 우리가 사제간이란 건 허울뿐이지. 그 죄인 애긴 구태여 할 필요 없다." 유리는 탁금랑의 말에서 어머니를 향한 질투와 증오를 느꼈고, 동시에 어머니를 해친 원수임을 알아챘다. 어린 나이였지만 온화하고 인정 많은 어머니의 성품을 알고 있던 유리는 탁금랑의 말을 믿지 않는다. 어머니를 향한 적의를 숨김없이 드러내는 탁금랑을 보며 양아버지인 손 내시가 왜 자기를 출궁시키려 했는지 이해하게 된다.

  유리는 감옥에서도 특유의 천진함과 긍정적 태도를 보이며 탁금랑을 당황하게 한다. 호랑이 굴에 갇혀도 정신 만 차리면 산다더니 유리를 두고 한 말이다. 이런저런 핑계를 대며 누구에게 바느질 법을 배웠는지 털어놓지 않자 탁금랑은 소두자를 없애기로 마음먹는다. 탁금랑은 안씨의 바느질 비법을 내가 가질 수 없다면 누구도 가져서는 안 된다고 생각한다. 소두자가 비법을 어떻게 손에 넣었는지 모르지만, 어린 내시 하나 죽이는 것쯤 아무것도 아니라고 여긴다. 황궁 최고의 바느질 장인은 오직 자기만이 되어야 한다는 믿음은 서서히 탁금랑을 괴물로 만들어 간다. 또한 어린 소두자에게도 질투와 시기심을 느낄 정도로 탁금랑은 살리에르 증후군의 전형적인 모습을 보인다.

그사이 탁금랑은 내관을 매수 해 유리를 독살하려 한다. 독이 든 음식을 유리가 먹어야 하는데 식탐 많은 옥졸이 대신 먹으며 계획에 차질이 생긴다. 유리는 태자의 도움으로 감옥에서 무사히 나온다. 유리는 원한도 없는 자신을 거리낌 없이 죽이려는 탁금랑을 보며 탁금랑이 어머니 죽음과 관련 있음을 확신한다. 감옥에서 나온 유리는 어머니의 복수를 다짐하며 상복국으로 간다. 유리는 어머니의 원수가 눈앞에 있는 이상 궁 밖에서 평범한 여인으로 살고자 했던 꿈은 접기로 한다. 얼마의 시간이 걸릴지 모르는 복수를 위해 유리는 실력을 더 키워야 하고 또 참아야 한다고 다짐한다. 자칫 잘못해서 고적 유리라는 신분이 들통나는 날에는 어머니의 복수는 고사하고 목숨도 위험해진다. 소두자가 안씨의 딸 인줄 꿈에도 모르는 탁금랑은 상복국으로 온다는 소두자의 바느질 비법을 빼앗고 그를 괴롭힐 생각만 한다.

탁금랑은 갖가지 방법으로 유리를 힘들게 한다. 자수 대결을 시키고, 일부러 총애하는 척 위해주며 궁녀들의 질투를 유발한다. 어느 조직이든 구성원들과 잘 지내는 것이 중요한데 탁금랑은 유리를 고립시켜 제 발로 나가길 바란 것이다. 그러나 유리는 타고난 실력을 유감없이 발휘하며 탁금랑을 긴장시키고, 자기만의 방법으로 상복국에서 버텨낸다.

영화 <대부> 대사 중 '친구는 가까이 적은 더 가까이.'라는 말이 있다. 유리는 의도적으로 탁금랑에게 친한 척 굴며 그녀의 곁에서 기회를 기다린다. 탁금랑은 안씨의 바느질 비법을 어떻게 아는지 계속해서 물었고, 유리는 천연덕스럽게 꿈에서 선녀가 가르쳐 주었다고 둘러댄다. 탁금랑은 본인도 못 하는 어려운 자수법을 척척 해내는 유리를 보며 꿈 얘기를 믿을 수도, 안 믿을 수도 없는 상황이었다. 얼토당토않은 꿈 얘기까지 믿는 탁금랑의 모습은 웃기면서도 절실함마저 보인다. 그러면서도 뛰어난 실력의 유리를 더욱 경계한다. 탁금랑은 유리가 안씨의 전승자라 의심하며 바느질 비법서와 금바늘에 더욱 집착한다.

진정한 '천하제일침'

잃어버렸던 어머니의 유품인 금바늘이 탁금랑의 손에 들어가자, 유리는 어머니를 잃은 듯 마음이 무너진다. 탁금랑은 안씨의 금바늘이 처음부터 자기 것 인양 기뻐한다. 자신의 실력으로 금바늘을 하사받을 생각은 안 하고 안씨의 그림자만 쫓고 있는 탁금랑은 영원한 이인자로 머물 것이다.

 탁금랑은 성대한 제침 의식을 준비하고 자신이 천하제일 바느질 장인임을 공표하려 한다. 유리는 금바늘은 애초에 탁대가 것이 아니니 자신과 바느질 대결을 벌일 것을 모두의 앞에서 제안한다. 탁금랑은 유리의 도전이 가당치 않았지만, 받아들이기로 한다. 탁금랑은 첫 번째 염색 경합부터 계략을 쓰며 유리를 곤란에 빠뜨린다.

 하지만 유리는 어렸을 적 어머니에게 배운 지혜로 최고의 색을 만들어 내며 첫 번째 시합에서 이긴다. 탁금랑은 두 번째 경합에서도 질 것 같자, 유리를 처소에 가두어 버린다. 탁금랑은 유리의 뛰어난 실력에 점점 불안해진다. 세 번째 시합은 용포에 자수 놓기로 정해진다. 불안해진 탁금랑은 유리의 용포 자수를 염탐하러 왔다가 이제껏 본 적 없는 훌륭한 자수 솜씨에 놀란다. 탁금랑은 밀실에 유리를 가두고 자기의 용포를 바느질하라고 협박한다. 탁금랑은 유리가 만든 용포로 천하제일 바느질 장인의 칭호를 받는다.

이렇게까지 해서라도 '천하제일침' 장인 칭호를 차지하려는 탁금랑의 심리는 무엇일까? 누구나 최고가 되고 싶어 한다. 할 수 있다면 천부적 자질을 타고난 사람이고 싶어 한다. 그러나 모두가 남의 것을 훔쳐서까지 자기 것으로 만들지는 않는다. 그건 온전한 내 것이 아니기 때문이다. 유리는 바느질 실력으로는 지지 않았지만, 탁금랑의 힘과 계책에 지고 만다.

한편 유리는 태자와 가까워지며 측근이 된다. 유리가 의도적으로 태자에게 접근한 것은 아니지만 결과적으로는 권력이 있는 사람에 의해 어머니 복수를 완성하게 된다. 오랜 시간 궁에서 생활한 유리를 생각한다면 권력의 정점에 있는 태자가 자신의 복수를 도와줄 수 있다고 기대하는 것은 어쩌면 당연하다. 어머니도 자신도 바느질 실력으로는 누구에게 지지 않지만, 탁금랑의 권력과 계략에 졌기 때문이다. 반란이 일어나고 유리는 반란 진압의 일등 공신이 된다. 이후 태자는 황제로 즉위하게 된다. 유리는 황제에게 상복국으로 다시 돌아가고 싶다고 하고 이를 허락 받는다. 황제는 안 대가의 일을 다시 조사하게 하고 탁금랑의 죄상이 드러난다. 황제는 탁금랑의 죄가 무겁다며 참형을 명령한다. 이 과정과 결과는 드라마 〈대장금〉과도 비슷한 부분이 많다. 장금의 어머니와 한상궁 역시 최상궁 집안의 힘에 목숨을 잃는다. 다시 의녀 장금으로 돌아와 뛰어난 실력으로 중종에게 인정받는다. 이후 최상궁에게 복수하는 것은 결국 중종이 이루어 준다. 유리도 장금이도 할 수 있었지만, 사사로운 개인적 복수는 하지 않는다. 법과 원칙을 무시한다면 그들과 다를 바가 없기 때문이다.

죄상이 드러난 와중에도 탁금랑은 아직 죽을 수 없다며 끝까지 유리에게 목숨을 구걸하는 모습을 보인다.

'어머니, 그때 여기에서 한을 품고 가셨지요. 어머니 목숨과 맞바꾼 이 딸은 신분을 숨기고 지금까지 살아남아 마침내 어머니의 복수를 하고 원한을 씻었습니다. 어머니, 어머니는 제가 평안하고 행복하길 바라셨지요. 약속할게요. 어렵게 얻은 제 삶을 소중히 여기며 평안하고 행복하게 살겠습니다.'

이후 유리는 고적 대가가 되어 상복국 궁녀들에게 어머니의 바느질 비기를 가르치며 후학 양성에 힘쏟는다. 유리는 이전에도 상복국 동료 칠랑에게 바느질 기법을 조건 없이 가르쳐주었다. 어쩌면 어머니도 하지 못한 재능 나눔을 유리는 실천한 것이다. 유리에게 성장이란 재능이 나만의 독점이 아닌 같이 나누고 같이 커가는 동반성장의 개념으로 보인다.

〈질투는 나의 힘〉에서 원상은 편집장을 질투하다 오히려 그를 선망하게 된다. 내가 가지지 못한 한 끗을 그에게서 보게 된 것이다. 하지만 이 드라마의 탁금랑은 그걸 인정하지 못한다. 그녀는 사는 내내 불안하고 불편했을 것이다. 질투가 선망이 아닌 증오로 변해버렸기 때문에, 그녀는 행복하지 않았다. 그러나 주인공인 유리는 탁금랑의 질투를 이겨내고 역경을 견디며 어머니의 복수를 완성할 만큼 성장한다. 무엇보다 유리는 자신의 재능을 나눌 줄 아는 그런 여인이다. 그녀에게 재능은 어머니가 바랐던 평안과 행복의 일부분일 뿐 인 것이다.

10. 페이스오프라도 해야 했다

"군구령(君九齡)"

선행을 베풀 때는
앞날을 묻지 마라

- 군구령 中 -

니콜라스 케이지와 존 트라볼타 주연의 〈페이스오프〉 영화를 처음 봤을 때 그야말로 충격이었다. 아무리 영화라도 사람 얼굴을 저렇게 바꾸는 게 가능한가 하며, 아는 지식을 총동원해 이해하려 했던 때가 있었다. 중국 무협에 자주 등장하는 역용술(易容術)은 성형이라기보단 환혼술에 가깝다. 얼굴에 분장용 가면을 쓰고 다른 사람 행세를 하는 것인데, 성별까지 바꾸는 변체환용(變體還容)의 하위 버전 격이다.

우리가 살면서 얼굴을 바꾸고 싶은 경우는 언제일까? 어떤 경우에 그런 생각을 할까? 중국 무협에 나오는 여러 가지 무공을 익혀 나를 완전히 다른 사람으로 바꾸는 게 가능하다면 그것은 선의에서 출발할까, 아니면 악의에서 출발할까. 어떤 이유에서든 무언가를 감추어야만 하는 상황에서 시작될 것이다.

〈군구령〉은 주인공 구령 공주가 이 역용술을 이용해 다른 사람 행세를 하면서 이야기가 전개된다. 구령공주는 복수를 위해 스승님의 딸인 군진진으로 살아가게 된다.

페이스오프 하는 진진 & 구령

 구령 공주는 아버지인 황제의 승하 후 그 자리를 차지한 작은 아버지인 초양에게 복수하기 위해 궁에 들어간다. 구령은 초양에게 왜 자신의 아버지를 죽였느냐고 따지듯 묻는다. 그러나 누구도 구령의 편에 서주지 않는다. 이미 황제의 자리에 오른 그를 거역할 자는 없었다. 한때는 최상의 권력자였던 아버지의 그늘에서 최고만을 누리고 살았던 구령은 섬에 홀로 고립된 듯 막막했을 것이다. 권력의 무정함에 아버지의 원수를 눈앞에 두고도 어쩌지 못하는 딸은 억울하고 분할 뿐이다. 복수는 이루지도 못하고, 생사는 불투명해진다. 구령은 무엇보다 언니와 동생의 걱정이 앞선다.

 구령은 옥에 갇히게 되고 사형선고가 떨어진다. 이때, 구령의 사부와 그의 딸 군진진이 그녀를 구하러 감옥에 온다. 상황이 긴박해지자 진진은 구령을 대신해 감옥에 남고, 그녀의 아버지는 구령을 구해 감옥 밖으로 탈출한다. 이때부터 두 사람은 페이스오프한 것과 다름없다.

 이 상황에서 진진은 감옥에 불을 지르고 스스로 죽음을 택한다. 진진은 불길 속에서 군씨 가문이 선황께 입은 은혜를 갚을 수 있게 돼서 오히려 영광이라고 말한다. 진진은 가족같이 생각하고 있던 구령을 위해 선뜻 목숨을 내놓는다. 우리는 간혹 충, 의, 예, 지, 신은 남자들의 전유물처럼 여기기도 한다. 하지만 가문의 독녀였던 진진은 충을 행하였고, 의를 다했다. 훗날 구령이 소신을 꺾지 않고 백성들을 위한 삶을 살 수 있었던 것 또한 진진의 신념에 답한 거란 생각이 든다.

 의식이 돌아온 구령은 깜짝 놀란다. 얼굴과 목소리가 진진으로 바뀌어 있었기 때문이었다. "이 사부가 비법을 써서 망가진 얼굴과 목소리를 바꿨다." 얼굴을 바꾸는 비법은 중드에서 흔히 보는 미장센인데 그게 바로 역용술이다.

 구령과 진진은 어렸을 적부터 진진의 아버지에게 의술을 배우며 자매처럼 지낸 사이다. 구령은 슬픔과 원통함을 누르고 진진 대신 열심히 살겠다고 사부에게 약속한다. 그러나 얼마 후 사부는 희귀한 꽃을 따다 낭떠러지에서 떨어져 허무하게 생을 마감하고 만다.

 얼마나 귀한 꽃이길래 목숨까지 걸고 그걸 땄을까 싶지만, 아마도 의원으로서 목숨을 걸 만큼 귀한 약재였을 것이다. 사부는 죽으면서 '내 손에는 선황께서 맡기신 봉인이 있다. 태상황이 북기 사람에게 살해당한 일과 관련된 거야. 선황께서는 초양과 관계가 있다고 의심하시고 내게 몰래 조사를 맡기셨다. 얼마 후 선황께서 초양에게 죽임을 당하셨지. 그게 바로 초양이 반역한 이유이자 약점일 것이다.'라는 말을 남긴다.

이로써 구령은 세상에 홀로 남겨지게 된다. 드라마〈아내의 유혹〉의 구은재(장서희)처럼 점만 찍고 다른 사람이라고 우기는 상황과는 차원이 다르다. 얼굴과 목소리가 바뀐 탓에 아무도 그녀를 알아볼 수 없었다. 사부가 살아 있어야 복수를 마친 후 원래의 구령 얼굴로 돌아갈 텐데 이젠 그럴 수 없게 됐다. 당장 의탁할 곳이 필요했던 구령은 진진의 외가인 택주로 향한다.

진진으로 다시 살다

진진의 외가는 택주에서 큰 상단을 운영하고 있다. 요즘으로 말하면 전국에 체인점이 있어서 꽤 큰 규모를 자랑하고 있었다. 방씨 가문과 오랫동안 연락이 없다 갑자기 찾아온 진진을 집안사람들은 의심의 눈초리로 본다. 그런데 진진의 외가인 방씨 가문은 특이하게도 상단의 모든 일을 여자들이 도맡아 처리하고 있었다.

가문의 어른 남자들은 모두 목숨을 잃었고, 그래서 방씨 가문에 저주가 내렸다는 소문이 파다했다. 그 와중에 삼대독자인 방승우는 몸이 약해 열여섯을 못 넘긴다는 의원의 진단까지 받은 상태다. 구령이 진진과 어릴 적부터 친구였다고 하더라도 그녀의 사정을 속속들이 안다는 것은 쉽지 않은 일이다. 그래도 영리한 구령은 눈치껏 집안에 적응해 간다.

 구령은 승우가 병이 아닌 중독 증세임을 알아내고 치료법을 찾기 시작한다. 진진은 방씨 가문을 해치려는 배후 세력이 있다고 짐작한다. 그래서 명분과 안전을 위해 승우와 위장 혼인 후 병을 치료하기로 한다. 이후 두 사람은 집안 내부 적을 피해 다른 지역으로 잠시 몸을 피한다. 그곳에서 진진은 군씨 가문을 잇는 '구령당'이라는 의원을 연다. 그리고 우연인지 필연인지 구령이라는 본래의 이름을 되찾는다.

 구령은 아픈 병자들을 돌보면서 승우의 병 치료에 집중한다. 구령은 진진의 희생으로 얻게 된 두 번째 삶을 살면서 그녀에게 은혜를 갚고 싶었다. 구령은 진진이 살았다면 왕래하며 정을 나눴을 외가인 방씨 가문의 위기를 어떡하든 넘겨주려 한다. 게다가 자신의 의술로 가문의 유일한 남자인 승우를 도울 수 있어 다행이라 여긴다.

얼마 후 승의 병은 완전히 회복되고 두 사람은 다시 택주로 돌아온다. 가족들은 병이 완치된 승우를 보며 기쁨을 감추지 못한다. 이 일로 구령은 방씨 가문의 은인이 되고 훗날 그녀가 하는 모든 일에 방씨 가문으로부터 아낌없는 경제적 지원을 받게 된다. 구령은 방씨 가문이 안정을 되찾은 후 다음 행보를 위해 언니와 동생이 있는 경성으로 간다.

가자, 경성으로

구령은 경성에서도 방씨 상단의 지점인 덕성창에서 모든 지원을 받는다. 구령은 먼저 경성에서 궁과 가까운 곳에 '구령당'을 개업한다. 궁 근처는 고관대작들이 많이 사는 곳으로 언니와 동생의 소식을 듣기 위해 선택한 장소다. 그리고 구령은 멀쩡한 의관을 두고 떠돌이 의원행세를 하며 돌아다닌다. 구령당은 궁 근처에 있지만 이름난 곳이 아니었기 때문에, 구령은 이목을 끌기 위해 천대를 감수하고라도 고관대작들이 사는 골목을 돌아다닌다. 우연에 기대어서라도 인연을 만들어 언니와 동생의 소식을 알기 위한 것이다.

그러다 마침내 구령은 경조윤 주 부인이 태의원에서도 몇 년 동안 고치지 못한 병을 고치며 경성에서 명성을 얻기 시작한다. 이를 시작으로 다른 의원들까지 실력과 아량을 갖춘 구령에게 의술을 배우러 오게 된다.

소문은 더욱 커져 구령이 의원들의 스승이고 살아 있는 부처라는 말까지 돈다. "의원을 잘 키우면 의원 백 명이 백성 만 명을 구한다." 구령은 이 말을 신조로 삼고 살아간다. 구령의 명성이 커지자, 드디어 동생인 회왕을 진료할 기회가 주어진다.

구령은 중병이 난 동생과 언니를 보자 반가움과 동시에 자신을 밝힐 수 없는 상황에 마음이 아팠다. 죽음의 문턱에서 살아났고, 우여곡절 끝에 그리웠던 가족들을 만난 구령의 심정을 짐작하고도 남는다. 언니에게만이라도 사실을 털어놓고 회포를 풀고 싶었을 것이다. 그러나 구령은 지금은 때가 아니라는 생각에 감정을 억누를 수밖에 없었다. 그래도 구령은 동생의 진료를 핑계로 형제들을 볼 수 있어서 잠시나마 행복한 시간을 갖는다. 이후 회왕의 난치병을 치료했다는 소문이 퍼지고 구령이 신의라며 그녀의 명망은 더욱 높아진다.

어느 날 두창에 걸린 모녀가 구령당을 찾아오고, 구령은 앞으로 벌어질 사태의 심각성을 짐작하고 대책을 모색한다. 두창은 천연두, 마마로도 불리는 질병이다. 지금이야 예방법이나 치료법 등이 발달해 환자가 많지 않지만, 과거에는 우리도 이 병으로 많은 사람이 목숨을 잃었다. <허준>, <태양인 이제마> 등 우리 사극 드라마에도 단골 소재로 쓰일 만큼 무서운 질병이다.

두창 환자들이 경성에 몰려오고 황제와 신하들은 골머리를 앓게 된다. 태의원 수장은 병자들을 한 곳에 몰아 놓고 불태워 죽인 후 시신을 묻은 지역의 선례가 있다며 이를 제안한다. 몇몇 신하들도 그의 말에 동조한다. 이는 경성의 전염병 확산을 막자는 그럴듯한 이유였지만 결국에는 본인들만 안전하길 바라는 이기심에서 비롯된 것이다.

논란이 커지자, 태의원 수장은 구령당 군 의원에게 이번 일을 맡기자며 그녀에게 사태를 떠넘긴다. 구령당으로 책임이 전가될 것을 예견한 구령은 사태를 피하지 않고 오히려 적극적으로 두창 치료를 맡겠다고 한다. 이미 앞서 권력자들의 비정함을 겪은 구령은 이대로 있다가는 백성들만 피해를 볼 것이 불 보듯 뻔했기 때문에 책임자로 자처하고 나선 것이다.

황제는 이를 허락하고 별원에서 환자들을 모아 치료케 하고 탈출하는 이가 없도록 감시하라는 명도 함께 내린다. 황제는 구령이 두창을 치료 못 할 거라 확신한다. 그리고 기한 내에 치료하지 못하면 별원을 불태워 모두를 없앨 계획을 세운다. 백성들을 구할 생각은 눈꼽만큼도 없는 사람이 황제가 되어서 힘없는 백성들만 죽어나게 생긴 것이다. 초양은 정치적 능력도 없는데 골치 아픈 나랏일은 뭐 하러 맡아서는, 그냥 욕심이나 채우는 탐관오리로 살 것이지 안타까운 마음이 든다.

구령은 별원에 함께 갈 의원들을 찾으려 했지만 쉽지 않았다. 이제껏 아무도 치료 해 본 적 없는 전염병에 선뜻 따라나설 의원들은 없었기 때문이다. 별원에 가는 날, 구령을 신뢰하고 있던 풍의원 설득으로 몇몇 의원들도 두창 치료에 도움을 주기로 한다. 도착한 별원의 사정은 그야말로 처참했다. 몰려든 두창 환자들은 구령을 보자 살려달라고 애원한다. 그녀는 먼저 환자들에게 용기와 희망을 전하며 최선을 다해 치료하겠다고 약속한다. 그러나 역병은 쉽게 통제되지 않았고 사망 환자들이 늘어만 갔다. 치료에 진전이 없자 동료 의원들과 환자들은 동요하게 된다.

"지금, 이 상황은 누구도 원치 않았죠. 하지만 한 명이라도 살아있다면 우리가 하는 일은 의의가 있습니다. 아버지께서 말씀하셨죠. 선행을 베풀 때는 앞날을 묻지 마라."

구령은 의원들을 설득한다. 고심 끝에 구령은 두창을 앓았던 소를 이용한 종두법을 생각하고 주찬의 희생으로 종두법을 시험한다. 그리고 마침내 종두법이 성공을 거둔다. 별원에 갇혔던 사람들은 병을 극복하고 건강한 모습으로 집으로 돌아가게 된다. 태의원의 의원들은 종두법의 성공으로 구령당이 공을 차지하게 되자 시기 질투한다. 그러면서 자신들이 종두를 관리해야 한다며 억지를 부린다. 정작 위험 앞에서는 발을 빼더니 상을 받을 때가 되니 제일 먼저 나선 모양새다.

의원은 어버이와 같은 마음으로 환자를 치료해야 한다는 말이 있다. 구령은 누구도 치료하지 못해 시도조차 하지 않았던 질병 앞에 도망치거나 포기하지 않았다. 그것은 아마도 구령이 어머니와 같은 마음으로 환자들을 대했기 때문일 것이다. 세상 어느 어머니가 죽어가는 자식을 눈앞에 두고 치료를 포기할 수 있겠는가? 그랬기 때문에 불가능이라 여겨졌던 두창의 치료법을 찾을 수 있었다.

구령은 두창 치료의 공으로 입궐하게 된다. 황제는 구령에게 산양 현주라는 봉호를 내린다. 구령은 황제 앞에 섰을 때 어떤 기분이었을까? 아버지를 죽인 원수가 눈앞에 있는 것만으로 복수심에 마음이 요동쳤을 것이다. 동시에 비록 얼굴과 목소리가 바뀌었지만, 의심 많은 황제가 자신을 알아보면 어쩌나 하는 불안으로 고개를 드는 것조차 쉽지 않았을 것이다. 그러나 구령은 복잡한 감정을 누르고 당당한 군구령의 모습으로 황제를 마주한다.

다시 찾은 이름, 초구령

전쟁이 일어나자, 구령은 계속해서 백성들을 치료하고 장수들을 위해 후방을 안정시키고자 노력한다. 전쟁의 상황에서 구령의 활약은 더욱 빛났다. 구령은 자신의 특기를 이용해 적군 진영에 가짜 두창을 퍼트려 아군 장수를 돕고 고립된 백성들을 구하기도 한다. 전쟁이 나면 일반 백성들이 가장 고통을 겪게 마련인데 방씨 가문은 구령의 뜻에 따라 유민 구제에 앞장선다. 구령과 백성들은 목숨을 걸고 경성을 지켜낸다. 구령에게 경성을 지킨다는 의미는 자신과 가족들이 사는 집을 지킨다는 것과 다름없다. 누군가 나의 집을 빼앗으려 한다면 모두를 걸고라도 지켜내는 게 당연한 이치다. 또한 한 나라의 공주임을 잊은 적 없는 구령은 백성들도 지켜야 하는 책임을 실천할 뿐이다.

언니와 동생은 이번 전쟁에 군의원의 공이 크다며 초씨 가문을 대표해 감사하다고 말하자 구령은 참았던 눈물을 쏟아 낸다. "우리 집을 지킬 수 있어서 나도 너무 기뻤어." 그러고는 언니와 초구령만이 아는 어릴 적 노래를 불러준다. "작은누나 드디어 돌아왔구나." 구령은 빨리 자신을 밝히고 싶었지만, 오히려 가족들이 위험에 빠질까 봐 때를 기다렸다고 말한다. 삼 남매는 그리웠던 만큼 서로를 안아준다.

황제는 전쟁을 승리로 이끈 구령과 공신들을 치하한다며 궁으로 불러들인다. 그러나 이는 자신의 치부를 감출 목적으로 이들을 역적으로 몰아 한꺼번에 처리하려는 계획이었다. 이때 도주했다 잡혀 온 간신이 혼자 죽기는 억울했던지 태염 3년의 일을 폭로하며 그때의 진실을 밝힌다. 태염 3년 태상황을 구하고자 택주로 보낸 몸값은 적들에게 전달되지 않았고 그로 인해 당시 황제와 황자 여럿이 목숨을 잃은 사건이다.

결국 현 황제는 욕심 때문에 아버지와 형제들을 구할 몸값을 주지 않고 죽게 만든 것이다. 그리고 이를 눈치챈 형님까지 죽이고 만다. 그날의 증인들이 속속 나타나며 황제는 궁지에 몰린다. 사람의 욕심이 어디까지 갈 수 있는지 초양이 보여준다. 소중한 가족들의 목숨도 빼앗을 만큼 몰인정하고 비열하다.

마지막으로 구령의 진짜 정체를 밝히는 동시에 태염 3년 사건의 증거를 내밀며 황제에게 일격을 가한다. 이로써 얼굴과 목소리까지 바꿔가며 계획했던 복수가 끝이 난다. 구령의 복수극은 다른 복수극과는 달랐다. 구령이 했던 복수의 과정에는 무엇보다 백성들을 위하는 마음이 우선이었다. 의원의 본분을 다하며 공주로서의 책무도 잊지 않고 백성들을 최우선으로 둔 것이다.

 만약 초양에게 과오가 있었지만, 백성을 진심으로 위하는 성군의 모습으로 나라를 다스렸다면 구령은 어떤 선택을 했을까? 어쩌면 개인의 복수를 내려놓았을지도 모른다. 그러나 그런 상황은 일어나지 않았다. 오히려 능력도 정치적 수완도 없는 남자 황제 대신 구령이 직접 나랏일을 했으면 어땠을까, 하는 생각도 든다. 얼굴과 목소리까지 바꿔가며 바로 잡고 싶었던 아버지의 복수와 형제들과의 행복한 앞날도 모두 이룬다. 구령의 바람은 개인의 것으로 그치지 않았다. 그녀가 의원과 공주라는 왕관의 무게를 감당한 것에 깊은 존경심이 드는 이유다.

11. 여자 송사는 처음이지?

춘가네 변호사(春家小姐是訟師)

한 번 거짓말을 하면
더 많은 거짓으로
둘러대야 하죠
그건 지반 없이 지어진 집이라
바람 불면 날아가요
법 앞에선 모든 게
드러나게 돼 있어요

- 춘가네 변호사 中 -

언제부터인가 법정물이 드라마나 영화의 소재 및 배경으로 높은 비중을 차지하기 시작했다. 흔히 생각할 수 있는 주변의 일부터 '세상에 이런 일이'하며, 벌어지는 다양한 사건들은 우리의 흥미를 끌기에 더없이 좋다. 무엇보다 한 가지 사건을 긴 호흡으로 끌고 가기보다는 각각 다른 사건이 빠르게 해결되는 것을 보는 게 더 재미있다. 아이들이 유튜브에서 쇼츠를 즐겨보는 이유와 같은 맥락이다.

그리고 판사, 검사, 변호사들이 주인공으로 등장하는데 특히나 변호사를 직업으로 다루는 이야기가 많다. 변호사의 전문성은 더욱 세분화해 등장한다. 사회가 복잡해지고 사건이 다양해지면서 법마저도 전문화되어 간다.

우리 생활에서 억울한 일을 당했을 때 생각나는 사람은 변호사다. 이혼 전문, 부동산, 채권추심, 형사, 교통사고 등 다양하다. 그중 〈왜 오수재인가〉, 〈천 원짜리 변호사〉, 〈이상한 변호사 우영우〉 등이 인기를 끌었다. 특히 〈캐리어를 끄는 여자〉는 서초동 최고의 여자 사무장 차금주(최지우)가 변호사 자격증 빼고 다 갖춘 해결사로 나오며 재미를 선사했다.

이번에 다룰 〈춘가네 변호사〉는 최초의 여자 송사(현재의 변호사)가 되기 위해 어려운 악조건 속에서 꿈을 실현하며 성장하는 주인공의 이야기다. 주인공이 송사의 꿈을 이루기 위해 어떻게 고난을 헤쳐 나가는지 지켜보자.

나의 꿈은 송사

돌아가신 어머니의 법률책을 보물처럼 여기는 춘도미는 송사가 되는 게 꿈이다. 이 시대는 남성 위주의 사회다. 여자는 그저 조용히 집안일이나 하는 그런 존재로 여겨진다. 도미는 어머니가 여자라는 속박에서 벗어나 자신의 꿈과 능력을 펼칠 기회를 가지고 싶어 했다는 것을 잘 안다. 도미도 어머니의 마음과 같았기 때문이다.

아버지가 죄를 짓고 체포되면서 본격적인 여주인공의 이야기가 시작된다. 관아에서 일하고 있는 할아버지마저 죄인 호송 문제로 부재중인 상태다. 집안에 남자들이 없다는 이유로 여자들이 대놓고 일을 알아볼 수 없게 되자 집안 분위기는 더욱 어수선해진다. 그런데 하필이면 죄명이 간음 시도 죄라고 한다. 딸인 도미 입장에서는 죄명을 입에 담기도 민망했을 것이다. 그러나 딸은 아버지의 성품을 알고 있었기 때문에 억울한 누명이라는 확신을 갖는다. 도미는 송사 지망생답게 아버지의 결백을 입증할 증거를 찾는 데 힘을 쏟는다.

반면 계모는 부처님께 도와달라며 간절히 빌고 있다. 오히려 도미에게 지금이 어느 때인데 가만있느냐며 얼른 와서 성의 있게 빌라며 핀잔을 준다. 우리의 많은 사극 드라마 속에도 정화수를 놓고 집 떠난 자식이나 남편의 문제를 위해 비는 어머니나 아내의 모습을 흔히 볼 수 있다. 그녀들은 염원을 담아 빌면 하늘이 감동해 자신들의 소원을 들어줄 거라 믿고 있었기 때문이다. 계모는 하늘에 비는 게 다인 반면, 도미는 냉철하게 사건을 해결하려고 한다.

도미는 먼저 사건의 경위를 알아보기 위해 관아로 간다. 할아버지의 동료는 당연한 듯, 아버지 일로 사정하러 왔는지 묻는다. "사정하러 오지 않았어요. 아버지는 죄가 없어요. 죄가 없는데 무슨 사정을 해요?" 상대에게 울며불며 매달리는 게 일반적인 모습인데 도미는 매우 당당했다. 그만큼 아버지의 무죄를 확신하고 있었기 때문이다. 그 대신 양측의 진술서를 보여 달라고 부탁한다. 법률을 공부하고 있던 도미는 울거나 사정한다고 사건 해결이 되지 않는다는 것쯤은 알고 있다. 오히려 이성적으로 현재 상황을 파악하려 한다.

　도미는 옥졸에게 돈을 주고 감옥에 있는 아버지를 만난다. 도미는 갇혀있는 아버지를 보자 눈물이 쏟아진다. 아버지는 어서 돌아가라며 아가씨가 이런 곳에 오면 평판이 나빠진다며 오히려 도미를 걱정한다. 가족이란 이런 것이다. 나의 처지보다 상대를 더 걱정해 주는 마음. 도미는 감옥에 갇혀있는 아버지의 상황이 훨씬 나쁜데도 딸의 미래를 더 걱정하는 아버지의 마음이 고마우면서도 속상하다. 게다가 자신의 생일 선물을 훔쳐 간 도둑을 잡으려다 일이 꼬이며 누명까지 썼다는 사실을 알게 된다. 그래서 도미는 아버지께 죄송할 마음뿐이었다. 도미는 경험 많은 송사를 구할 테니 걱정하지 말라며 아버지를 안심시킨다. 그러나 아버지는 평판이 나빠지면 나중에 시집가기 힘들다며 소송은 신경 쓰지 말라고 당부한다.

　지금의 여성들은 능력만 있으면 재능이나 꿈을 펼칠 기회가 주어진다. 그러나 과거에는 '암탉이 울면 집안이 망한다.' '여자 목소리가 담장을 넘으면 안 된다.' '여자 팔자는 뒤웅박 팔자.' 등 여성들을 비하하는 말도 서슴지 않고 사용했다. 있는 듯 없는 듯 소문 없이 지내다 부모가 정해주는 남자와 결혼해 사는 것을 미덕으로 여기던 시대였다. 그런데 딸인 도미가 소송 이야기를 적극적으로

하자 아버지는 걱정이 앞서는 것이다. 도미는 어려서부터 바느질보단 법률 공부에 시간을 쏟았다. 그녀는 소극적이고 우유부단한 성격으로는 송사가 되기 어렵다는 것을 알고 있다. 도미는 재판에서 송사는 적극적이며 늘 한발 앞선 생각을 지니고 있어야 한다고 생각한다.

도미는 이름난 송사 손 수재를 찾아가 아버지 변호를 부탁하고 군호였던 아버지 한 달 녹봉의 다섯 배나 되는 계약금을 지급한다. 도미네는 그나마 집안 사정이 좋은 편이라 돈을 써가며 유능한 송사를 고용할 수 있었지만, 가난한 사람들은 억울한 일을 당해도 하소연할 곳이 없었다. 지금도 법이라는 문턱은 일반인들에게 결코 만만한 곳이 아니다. 우리 속담에 '귀에 걸면 귀걸이 코에 걸면 코걸이'라는 말이 있다. 이 말을 같은 하나의 사건을 두고 관점에 따라 해석이 달라진다는 말인데, 특히 법의 해석을 달리하는 상황에 많이 쓰인다. 누가 봐도 피해자인 상황을, 돈 많고 배경 좋은 가해자가 대형 로펌을 동원해 결과를 뒤집는 일을 드라마나 영화 혹은 뉴스로도 보게 된다. 이쯤 되면 우리는 억울한 일을 당해도 법이 구제할 수 없는 상황도 있다는 것을 알게 된다.

그러나 재판 당일 손 수재는 무슨 이유인지 나타나지 않았고, 급한 마음에 도미는 아버지를 직접 변호하겠다고 나선다. 모인 사람들은 어떻게 여자를 송사로 세우느냐며 비난의 목소리를 쏟아 낸다. 그러나 도미는 효를 강조하며 아버지 변호를 해도 된다는 허락을 받는다. 도미는 전날 미리 써본 소장을 제출하고 증인과 증거를 토대로 막힘없는 변호를 선보인다. 피해자라 주장하는 여인의 주장을 하나하나 반박하며 아버지의 결백을 끌어낸다. 걱정하던 아버지도 도미의 기개와 뛰어난 실력에 눈물을 보인다. 의도치 않게 송사로서의 일을 시작한 도미는 다음 사건에서도 진실을 밝혀내며 능력을 인정받기 시작한다. 도미는 어릴 때부터 송사의 꿈을 키우며 열심히 공부한 보람을 느낀다. 게다가 어머니가 못 이룬 꿈을 대신 이루게 된 것이 무엇보다 기뻤다.

순옥에 동행하다

마침 순옥(천자를 대신해 천하를 순시하는 일) 중이던 대리시승 강정원과 장안의 세자가 도미의 능력에 관심을 가진다. 두 사람은 도미에게 순옥에 동행할 것을 제안한다. 법률에 정통한 대리시승은 도미의 법률에 대한 이해가 독특하면서 정확하며 판단과 대처도 아주 남다르다며 자기를 도와 줄 것을 부탁한다. 도미는 여자지만 능력을 인정받았다는 사실이 기쁘고 각지에 다니면서 억울한 사람들을 도울 수 있다는 생각에 동행하겠다고 한다.

그러나 아버지는 두 번의 재판 소송으로 평판이 깎였는데 순옥까지 하겠다는 딸의 동행을 반대한다. 도미는 이번에 공을 세우면 할아버지 소원인 군적에서 빼주겠다는 약속도 받았다며 아버지를 설득한다. 그러나 아버지는 딸의 행복을 희생해서 군적을 벗어날 생각은 없다며 화를 낸다. 아버지는 도미가 맡은 두 번의 소송 모두 자신 때문이라고 자책한다. 딸이 고생을 자처한다니 당연히 미안함이 컸을 것이다.

도미는 언제나 자기 편을 들어주는 할아버지를 찾아 아버지와의 일을 하소연한다. 도미는 할아버지에게 억울한 사건을 조사하는 건 자신이 하고 싶은 일이라고 말한다. 게다가 우리는 군호 집안이라 아들한테 이어지는데, 혹시라도 남동생이 생기면 군적 때문에 군에 가야 하고, 과거도 못 보고, 하고 싶은 일도 못 하는 게 마음에 걸린다며 이유를 설명한다. 우리도 고려시대에 군반씨족이라는 군사적으로 중요한 역할을 하던 군반이라는 직위가 있었다고 한다. 그들에게 군액을 부여하고 자손들에게도 군액을 계승하게 해 병사 제공과 군무를 담당하게 했다는 것이다. 각자가 가지고 태어난 능력과 하고 싶은 일이 다른데 집안의 사정으로 원하지 않는 데도 직업이 대물림된다는 것은 불합리하다.

할아버지는 도미에게 네 아비는 너를 지키지 못할까 봐 두려운 것이라 말해준다. 할아버지는 "권선징악과 네 안위가 충돌을 일으켰을 때 넌 어찌할 테냐?"라고 물으며, 답이 떠오르면 아비한테 가보라고 한다. 며칠 후 아버지는 정말 하고 싶은 일이 있다면 과감하게 해야 한다며 응원해 준다. 자식이 그토록 좋아한다는 일을 한다는 데 말릴 수 있는 부모는 많지 않다. 자식이 가려는 길이 가시밭길임을 알면서도 아버지는 말리지 못한다. 다만 뒤에서 지켜주며 응원할 수밖에.

신념과 안위가 충돌할 때

도미는 순옥을 따라다니며 각 지역의 사건들을 살펴보며 경험을 쌓고 사례들을 공부하게 된다. 참신한 사고방식을 가진 관원들의 판결 방식에 흥미를 느끼기도 한다. 도미는 절도사와 관련된 소송을 하면서도 그의 권력에 굴하지 않고 차분히 의뢰인의 변호를 진행해 그의 무죄를 밝혀준다. 도미는 여러 사례를 통해 같은 사건이라도 판결하는 사람에 따라 다양한 결과가 나오는 걸 보면서 공정함과 기준이 명확해야 한다는 것을 매번 느낀다.

순옥 도중 계모의 친정인 서가에서 아버지를 고소하는 일이 발생한다. 도미와 아버지는 어쩔 수 없이 집안일을 처리하러 서가네로 향한다. 계모의 어머니인 서가의 노마님은 포악하고 돈이면 다 되는 줄 아는 그런 여인이다. 노마님은 평소에도 군호 집안인 춘가네를 무시하기 일쑤였다. 도착 후 알게 된 서가의 상황은 아내의 경제력에 빌붙어 살던 노마님의 남편이 실종되며 부인인 노마님이 범인으로 몰려있는 상태였다.

난봉꾼에 한량이던 남편과 평소에도 사이가 좋지 않았던 노마님은 시동생으로부터 고소를 당한 상태다. 시동생 측 송사는 시체는 없지만 오랜 시간 부인의 억압으로 자살하게 만든 게 분명하니 살인이라고 주장한다. 노부인은 남편을 살인한 적 없다며 억울함을 호소한다. 재판 중에는 부부 양측의 치부가 여과 없이 드러나며 서로에게 상처를 입힌다. 많은 법정물 드라마나 실제 사건 중에도 이혼 소송 재판만큼 승소하기 위해 상대방을 할퀴는 일은 없는 것 같다. 이혼 소송 재판 후 이득을 본 건 변호사뿐이라는 말이 나올 정도다.

지역 현령은 범인 서씨는 가정불화로 남편을 죽인 증거가 확실하다며 판결 내리려 한다. 이에 도미는 노부인의 남편이 빠졌다는 호수로 현령을 데려가 현장검증을 통해 남편이 살아 있음을 주장한다. 도미는 지인의 도움으로 살아있는 노부인의 남편을 찾아 데리고 온다. 노부인이 남편은 동생과 짜고 오랜 시간을 들여 서가의 재산을 갈취할 계획을 세운 것이다. 자작극을 통해 노부인이 감옥에 갇히면 재산을 차지할 사기극을 벌인 것이다.

재판 과정에서 드러난 관아의 부패와 서가의 사건 조사와 처리의 권한을 부여받은 도미는 법에 따라 이를 처리한다. 순옥 과정에서 세운 공을 인정받아 할아버지의 소원이었던 군적에서도 빠지게 되는 상을 받게 된다. 도미는 하늘에 오르는 일보다 어려운 줄 알았던 일이 이렇게 쉽게 될 줄 몰랐다며 기뻐한다. 대리시승은 어디가 쉬웠느냐며 순옥하면서 매번 백성 편에 서서 정의를 펼치고, 권력자인 절도사의 미움을 사면서도 물러서지 않았다며 도미를 칭찬한다.

도미는 사랑하는 사람을 위해 황제의 권위에 맞서는 재판의 송사를 맡기로 결심한다. 세자는 권력이란 그녀의 신념을 힘들이지 않고 짓밟을 수 있다고 경고한다.

"저는 어려서부터 법률을 공부하며 여자의 덕목을 배우지 않은 이유가 무엇인 것 같은가요? 명성일까요? 나라의 기초인 법이 없으면 사회가 혼란스럽기 때문이에요. 무수히 많은 백성의 유일한 버팀목이니까요. 그래서 어떤 위협에도 물러서지 않았죠. 누군가가 죽음도 불사하고 법을 수호하려 한다면 그들은 그 무엇과도 타협하지 않아요. 제가 그런 사람이에요."

도미는 더 이상 평판을 두려워하는 어린 아가씨가 아니었다. 자기 일에 자부심과 법에 대한 신념이 그녀를 무섭게 성장시킨 것이다. 그러나 한편으로 도미의 할아버지와 아버지가 이 사실을 알았을 때 어떤 반응을 보일지, 아버지가 걱정했던 일이 일어났기 때문이다. 그러나 마지막은 이제껏 송사 일을 잘 해낸 도미를 응원하고 지지해 줄 것이다.

우리가 그동안 본 드라마나 영화에서는 대체로 권선징악의 결말로 끝이난다. 현실과는 다르게 법이 약자의 편에 서서 우리들을 지켜주는 내용들을 보면서 '그래, 세상이 그래도 살만 하지.'하며 위로를 받곤 한다.

특히 법조인 여주인공은 시작부터 남자들과의 불평등을 감수해야 한다. 남자들과 같은 법 공부를 하면서도, 악착같이 공부해 늘 수석을 차지해야 겨우 빛이 난다. 그런 그녀들이 눈을 가린 법과 정의의 여신 아스트라이어처럼 공정성을 가려주길 바란다.

또한 여성이 가질 수 있는 섬세함과 따뜻한 어머니의 마음으로 법을 바라보며 약자를 대변해 주길 기대한다. 춘도미 또한 많은 사건을 변호하면서 공정성과 어머니의 마음을 잊지 않았다. 이런 신념이야말로 도미가 남들과 다른 부분이다.

앞으로도 우리의 주인공 춘도미는 어떠한 권력이나 힘 앞에도 굴하지 않고 신념을 지키며 멋진 송사로 살아갈 것이다.

4부 사랑

12. 현생까지 이어지는 사랑이란

"주생여고(周生如故)"

내 평생 천하를
저버린 적 없으나
시의만은
저버렸구나

- 주생여고 中 -

'운동을 하고 열심히 일하고 주말엔 영화도 챙겨보곤 해. 사는 게 뭘까 왜 이렇게 외롭니. 또다시 사랑에 아프고 싶다.' '고독이 온다. 넌 나에게 묻는다. 너는 이 순간 진짜 행복하니?'

김조한의 〈사랑에 빠지고 싶다〉의 노랫말이다.

"가슴이 아리다 못해 찢어진다, 찢어져!"

〈주생여고〉는 정말이지 가슴 저리게 슬픈 이야기를 담고 있다. 드라마를 끝까지 못 보고 탈주하는 이들이 더러 있다. 재미없어서도 작품성이 떨어져서도 아니다. 애절한 장면과 대사를 감당할 자신이 없어서이다. 그래도 중드 마니아 사이에선 인생 띵작으로 〈주생여고〉를 손에 꼽는 이들이 적지 않다.

주생진이 피로 남긴 유서와도 같은 그의 마지막 말은 '내 평생 천하를 저버린 적 없으나 시의만은 저버렸구나.' 언젠가 그가 약속했던 것처럼 본인의 죽음을 그녀에게 알린다. 시의는 소리 낼 수 없는 고통을 고스란히 삼켜야 했다. 그러고는 혼롓날 살길을 뒤로하고 가장 높은 성루에서 뛰어내리며 주생진과의 다음 생을 기약한다.

"주생진, 당신에게 시집갈게요. 다음 생이 있다면 당신이 먼저 나와 혼인 해줘요. 어때요? 대답 안 하시면 약속하신 걸로 알게요."

〈주생여고〉는 이루어지지 못한 두 남녀의 애절한 사랑 이야기다. 우리나라에도 이와 비슷한 절절한 사랑 이야기가 있다. '광막한 광야를 달리는 인생아' 윤심덕의 대표곡 〈사의 찬미〉 중 일부다. 성악가인 윤심덕과 작가인 김우진이 현해탄에서 동반 자살했다는 일화는 영화로 만들어질 정도로 유명하다. 또

한 1920년대 경성 최고의 기생 강명화와 대구 갑부 아들 장병천의 실화를 바탕으로 다룬 영화 〈강명화〉(1967)는 세간의 화제였다고 한다. 집안의 반대로 이루어질 수 없는 사랑에 비관했던 두 남녀의 온양온천 자살 사건은 그 당시 톱뉴스로 보도 될 정도였다. 너무도 유명한 세기의 사랑 이야기 로미오와 줄리엣도 오해와 갈등으로 인해 해피엔딩이 아닌 죽음으로 끝난다. 이렇듯 이루어질 수 없는 사랑 이야기는 시대를 막론하고 어디에나 존재한다.

11번째 제자, 최시의

 최씨 가문의 유일한 적녀 시의는 태어나기도 전에 태자와의 혼인이 정해졌다. 그만큼 최씨 가문의 권세가 높았다는 것을 의미한다. 이러한 권력층들의 정략결혼은 그들의 힘을 공고히 하는 한편 혼인이라는 매개로 서로의 힘을 견제하는 역할도 한다. 고려의 공민왕과 원나라 노국공주 일화는 정략결혼의 대표적인 예라고 할 수 있다. 정략결혼은 일반인보다는 상류 계층에서 이루어진 경우가 많았다. 현대에도 여러 나라의 대기업이나 정치 가문에서는 정략결혼이 이루어진다.

 황후의 미움을 산 아버지 집안으로 인해 부모님은 이혼했고 시의는 어머니의 성을 따르며 외삼촌 집에서 지내고 있다. 집안에서 쫓겨난 아버지와의 이별로 시의는 충격을 받아 실어증에 걸리고 마음을 닫은 채 오랜 시간 살아간다.

 시의의 외삼촌은 자신의 권력을 다지기 위해 소남진왕 주생진에게 조카 딸 시의를 제자로 받아줄 것을 간청한다. 몇 년 후 시의는 주생진의 제자가 되기 위해 그가 있는 서주로 간다. 시의는 전투에서 대승을 거두고 돌아온 주생진의 왕군 열병식을 보게 된다.

'동이 틀 무렵 군대는 대열을 이루고 봉화가 피어오르며 모래가 하늘을 뒤덮는다. 이게 진정한 주생진의 모습이다. 수천 명의 가신과 70만 대군을 거느린 소남진왕. 서로 마음이 맞은 것인지 사랑에 홀린 것인지. 그때의 난 알지 못했고 그저 눈앞의 광경이 두렵기만 했다.' 시의는 군계일학의 모습으로 북을 치며 병사들을 압도하는 주생진에게 매료된다. 시의는 억눌린 듯 살아온 집을 떠나, 처음 보는 열병식의 광경은 무언지 모를 자유와 희망으로 그녀를 들뜨게 하기 충분했다.

시의는 주생진의 첫 번째 정식 제자가 된다. 주생진은 생일 선물을 준비해 본 적이 없다며 전투에서 항복한 장군들의 인장을 찍은 문서를 시의에게 선물로 준다. 시의는 기뻐하며 사부가 백성을 위해 싸웠다는 증거라며 목숨처럼 소중히 간직하겠다고 다짐한다.

시의가 이제껏 집안이나 황궁에서 받았던 숱한 선물들은 최씨 가문의 유일한 적녀이자 미래의 태자비에게 주는 것이었다. 게다가 항복 인장은 주생진이 황제였던 형님에게 주려던 것이라 했다. 시의는 사부인 주생진이 목숨 걸고 싸워 이긴 훈장과도 같은 인장의 의미를 잘 알고 있었다. 무심한 듯 진심을 담아 챙겨주는 주생진은 요즘 말하는 츤데레 같은 남자다.

시의는 일 년 중 아홉 달은 출정해 있는 사부와 사형, 사제들의 안녕과 무사 귀환을 기원한다. 직접 전투에 나가 목숨 걸고 싸우는 것은 아니지만 그들이 돌아올 집을 지키며 승전보를 기다린다. 예전에는 집에서 가사 노동을 하는 주부들에 대해 '집에서 논다'라는 식의 인식이 팽배했던 때가 있었다. 주부들이 가정에서 하는 일은 너무나 당연한 책임처럼 여겨졌다. 그러다 1980년대 중반 한 여성 노동자의 손해 배상 청구 소송에서 재판부가 여성 근로자의 일당을 적용한 일을 계기로 가사 노동의 경제적 기여를 인정했다는 점에서 이슈를 일으킨 적이 있었다. 요즘 가사 노동은 그 가치를 인정받고 있다. 시의가 신분상 왕부의 일을 직접 하지는 않았겠지만, 어느 정도의 관리는 했을 것이다. 이것은 시의가 왕부의 안주인과 같은 역할을 담당했음을 의미한다.

시의의 외삼촌은 현 황제를 위협하는 간신들을 제거한 공로로 시의와 태자 유자행의 혼약을 깨고 자신의 아들과 공주의 혼사를 요구한다. 미래의 태자비라는 굴레에서 벗어날 수 있게 된 시의는 더없이 기뻤다. 가문의 정치적 이유로 마음에도 없는 유자행과의 혼약으로 시의는 엄청난 부담감을 안고 살았던것이다. 정략결혼을 하는 모든 이들이 마음에도 없는 결혼을 하는 것은 아니다. 하지만 지금의 시의는 주생진이라는 남자를 좋아하게 되면서 집안의 결정대로만 살려 하지 않는다. 얼마 후 병약하던 외삼촌의 장례를 치른 후 시의는 주생진의 사람으로 살기 위해 서주로 향한다.

소남진왕, 주생진

　황제이자 형님의 승하 소식에 주생진은 수도인 중주로 가려고 한다. 책사는 주생진을 말리며 평생 중주로 돌아가지도 입궁하지도 않기로 맹세하지 않았냐며 역모를 꾀한다고 모함할 게 뻔하다며 걱정한다. 황실에서는 주생진이 맹세를 깨고 어린 황제를 옹립하는 것을 도와 주기를 바란다. 주생진은 어쩔 수 없이 입궁하게 되고 평생 후회할 약속을 하게 된다.

　"이 자리에서 맹세하건대 저는 평생 국경을 지키며 절대 혼인하지 않고 자손도 남기지 않겠습니다. 자손이 없으면 역모를 도모할 이유도 없는 것이니 폐하께서도 안심하실 수 있고 대신들도 저도 소문에 시달릴 필요 없겠지요."

　주생진은 훗날 시의를 사랑하게 되면서 이 맹세를 뼈저리게 후회했을 것이다. 황족으로 태어나 의식주 문제는 걱정이 없었겠지만, 능력 있는 황자들은 늘 반역의 가능성과 견제의 대상이었다. 홍미숙 작가는 ≪왕이 되지 못한 비운의 왕세자들≫에서 왕좌에 오르지 못한 비운의 왕세자들 이야기를 다루었다. 조선 최초로 살해된 왕세자 의안대군 이방석(태조의 아들)부터 양녕대군, 연산군의 아들 이황까지 다양하다.

 주생진은 순수하고 총명한 시의를 아낀다. 주생진은 실어증에 걸린 시의를 안타까워하며 방법을 찾으려 애쓴다. 마음의 병인 것 같다는 책사의 말에 주생진은 서두르지 않고 시의를 기다려 준다. 시의는 주생진을 마음에 두면서 그를 사부라고 부르기 위해 노력한다. 오랜 시간을 들인 치료에도 낫지 않던 시의의 마음이 회복되며 실어증이 낫게 된다. 이탈리아의 희가극 중 〈사랑의 묘약〉이란 작품이 있다. 아마도 시의에겐 주생진이 사랑의 묘약이 아니었나 싶다.

 주생진은 출정할 때마다 한 번도 남아있는 사람들을 뒤돌아보지 않았다. 제자는 주생진이 아끼는 시의에게도 뒷모습만을 보이자 모질다고 말한다. 책사는 이유가 있다며, 돌아보지 않는 것은 돌아갈 날을 기대하지 않고 근심을 남기지 않기 위함이라고 말한다. 그래야 죽음을 겁내지 않고 목숨 걸고 싸울 수 있다는 것이다. 우리에겐 목숨을 걸고 무언가를 지키거나, 해내고 싶은 일들이 있을까? 이런 비장한 마음은 얼마나 외롭고 쓸쓸할지 짐작조차 가지 않는다.

소남진왕 주생진은 소년 장군으로 어려서부터 명성을 날렸다. 스스로 원해서가 아니라 황권에서 밀려난 주생진은 나이와 상관없이 언제든 반역할 수 있다는 견제의 대상이었기 때문에, 변방으로 떠돌며 목숨을 보전할 수밖에 없었다. 주생진이 전쟁터에 살다시피 하니 이런저런 인연으로 고아 10명이 제자가 되었고, 정식 제자는 시의뿐이다. 지금껏 보았던 영화 중 가장 인상 깊었던 전투 장면들은 조인성이 연기한 양만춘 장군의 〈안시성〉이다. 시작부터 몰아치는 고구려와 당나라의 대규모 전투 장면에서 병사들의 사활을 건 싸움을 본 사람이라면 누구라도 먹먹했을 것이다. 주생진은 그런 전투에서 군을 이끄는 수장이다.

주생진은 함정임을 알면서도 황제인 유자행이 준비한 연회에 참석한다. 역시나 유자행은 반역이라는 누명을 씌우고 주생진을 감옥에 가둔다. 유자행은 주생진이 백성들로부터 받는 칭송과 시의를 차지할 욕심에 주생진을 죽이기로 한다. 유자행은 형제를 질투하는 '카인 콤플렉스'가 극에 달아있었다. 유자행은 어릴 때 궁에서 인척인 어린 황제를 대신해 벌을 받는 등 그의 일상은 고난과 인내의 연속이었다. 그의 유일한 희망은 시의와의 혼인이었다. 유자행의 질투와 집착으로 주생진에게 온몸의 뼈를 도려내는 척골형을 내린다. 이는 상상을 넘어서는 수준의 극형이다.

이번 생 말고, 다음 생

 두 사람은 스승과 제자였지만, 다른 사람들 눈에는 연인이었고, 부부였다. 서로를 마음에 품었지만, 입 밖으로 말할 수 없었던 비운의 연인들이다. 사람에게 받은 상처는 사람에게서 치유돼 듯 시의가 앓았던 마음의 병은 주생진이라는 약으로 치료된다. 매번 승전보라는 선물을 시의에게 주면서 어느 날 주생진은 자기에게는 선물을 주지 않느냐며 다음에 만날 때 선물로 사부라고 혹은 주생진이라고 불러도 좋다며 목소리를 듣기 원한다. 시의가 말을 다시 찾을 때 그 시작은 사부라는 이름이었다. 이는 마치 새끼 오리가 처음 본 움직이는 대상을 어미로 인식해 따라다니는 각인 효과처럼 시의에게 주생진은 그런 의미로 다가온다.

 인질이 되어 적국으로 잡혀가는 시의를 쫓으면서 주생진은 먹지도 자지도 않고 오직 시의만 주시한다. 두려움이라 곤 없던, 주생진도 두려운 것이 생긴 것이다. 시의는 제자였지만 목숨을 걸고서라도 지키고 싶은 여인이기도 하다. 시의는 그런 주생진의 마음을 알고 있었기에 그를 걱정한다. 적국에 가서야 자유의 몸이 되었지만, 주생진의 신분 때문에 목숨을 위협받는 상황은 마찬가지였다. 다행히 주생진의 오랜 친구가 살고 있어 몸을 숨길 수 있게 된다. 그리고 그곳에서의 며칠은 두 사람에게 위기 속에 찾아온 선물 같은 시간이 된다.

최씨 가문의 적녀가 왔다는 소문에 공자들이 찾아오고 한 공자가 시의에게 청혼한다. "혼약은 없지만 제겐 마음에 품은 분이 있어요. 그분을 향한 제 마음은 변치 않을 겁니다." 시의는 주생진이 자신의 고백에 답해주길 기다린다. 시의의 고백으로 주생진도 흔들린다. 그러나 그의 말하기 어려운 진심과 대전에서의 맹세는 그들이 완전한 연인이 되는 것을 가로막는다.

주생진이 척골형을 당하던 때, 마치 두 사람의 몸이 연결된 것처럼 시의도 똑같은 고통을 겪는다. 신음 한 번 내지 않고 형벌을 견디던 순간 주생진은 알았을까? 시의 또한 같은 고통을 겪고 있다는 것을.

이런 설정은 두 사람의 사랑을 극적으로 표현하기 위해 여러 매체에서 사용하기도 한다. 실제로 우리 주변에 임신한 아내와 비

숱한 증상을 겪는 남편들이 있다. 이를 '쿠바드 증후군' 또는 '교감 임신 증후군'이라고 부른다. 이런 증상들이 나타나면 주변 사람들은 남편이 아내를 얼마나 사랑하면 저런가 하며 부러움을 사기도 한다. 시의와 주생진이 혼인에 성공했다면 남편인 주생진은 분명 쿠바드 증후군 반응을 보이고도 남았을 것이다. 그러나 시의는 얼마 후 주생진과의 다음 생을 기약하며 성루에서 몸을 던진다.

<주생여고>가 전생 이야기라면 <일생일세>라는 현생 이야기이다. 두 사람의 못다 이룬 사랑은 <일생일세>에서 이루어진다. <주생여고>의 눈물, 콧물 쏙 빼는 고통은 현생의 이야기를 기대하며 기꺼이 감수하게 된다.

사랑할 만한 가치 있는 사람을 사랑하는 일은 고통스럽더라도 행복하다. 시의는 설령 일생을 걸어야 하는 순간이 온다 해도 주생진을 사랑하는 일이 그만한 의미가 있다고 믿었다. 노랫말처럼 너는 지금, 이 순간 행복하니? 하고 묻는다면 주저 없이 말할 것이다. 사랑하고 있을 때 가장 행복하다고.

13. 시공 초월, 사랑 만들기

"화조추월야(花朝秋月夜)"

그 손 놓은 걸
그저 후회한다고 했어요.
끝까지 함께 할 걸
너무 쉽게 운명에
수긍했다면서요

- 화조추월야 中 -

일반적으로 잘생기고 예쁘고 날씬한 친구들 곁에는 이성이 끊이지 않는 경우가 많다. 그런데 객관적으로 봤을 때 딱히 외모가 빼어나지 않아도 끊임없이 남자나 여자가 주변에 있는 친구들도 있다. 한 번도 연애를 쉬지 않는 친구들은 도대체 어떤 매력이 있는 건지 궁금했던 적도 있다. 이걸 보면 남자가 좋아하는 여자 또는 여자가 좋아하는 남자의 매력 포인트가 다른 건 분명하다.

최근 TV에서 리얼리티 연애 프로그램이 여러 개 방영되고 있다. 대표적으로 〈나는 SOLO〉, 〈환승연애〉, 〈연애의 참견〉 등이 있지만, 이 외에도 많은 프로그램이 생겼다 사라지길 반복한다. 사람들이 그만큼 연애에 관심이 많다는 증거일 것이다. 다른 사람들의 연애 이야기가 마치 내 이야기인 것처럼 관심을 가지고 감정 이입하기도 한다.

〈화조추월야〉의 여주인공 이사사는 연애 고수지만, 사랑은 믿지 않는다. 그런 그녀가 천 년 전으로 타임슬립하면서 한 남자를 알게 되고 진정한 사랑을 깨닫게 되는 이야기다.

이여랑이 된 이사사

현대의 천재 비파 연주가 이사사는 사랑을 믿지 않는 연애 고수다. 예쁘고 날씬할 뿐 아니라 음악적 재능에 능력까지 갖춘 그녀 주변엔 남자들이 차고 넘친다. 그녀는 이른바 어장 관리를 하며 헤어짐이 있어야 새로운 만남이 있는 것이라며 이를 적당히 이용한다. 심리 분석에 탁월해 주변 친구들의 연애 상담을 해주기도 하는데, 그녀의 조언에 실패란 없다.

이사사는 타고난 재능과 외모에도 자신을 발전시키는 노력을 게을리하지 않는다. 그래서인지 늘 당당하고 아름다웠다. 그러나 자신과 친구들의 연애에서 진정한 사랑을 찾을 수 없었던 그녀는 사랑에 대해서만큼은 냉소적이다. 어느 날 비파 독주회 중 누군가의 목소리와 몸에 이상함을 느끼게 되고, 그녀는 비파의 힘에 끌려 천 년 전 고대로 타임슬립하게 된다.

고대로 온 이사사는 잠시 당황했지만 이내 이성을 찾는다. 그리고 비파녀가 남긴 편지를 보게 된다. '태어난 순간부터 나 여랑의 인생에 나 자신은 없었어요. 그러다가 서방님께 버림까지 받았지요. 만약 다시 태어날 수 있다면 지금 서방님과 헤어지고 도성 하마릉에서 날 불길 속에서 구해준 분을 찾을 거예요. 그분의 목뒤에는 흉터가 있어요. 정월 대보름이 되면 붉은 옷을 입고 그분과 함께 금과 비파를 연주하고 싶어요. 당신은 이사사지만 동시에 이여랑이기도 해요. 내 소원이 이루어지면 당신은 당신 세계로 돌아갈 수 있을 겁니다.'

이여랑의 고통까지 고스란히 느끼게 된 이사사는 그녀의 소원을 들어주어야 자신의 세계로 돌아가게 된다는 것을 알게 된다. 현대의 기억을 그대로 가지고 온 이사사는 울고불고 낙담하거나 실망하지 않는다. 오히려 상황을 빨리 받아들이고 돌아갈 방법을 찾으려 한다. 이사사는 작은 실마리라도 찾고 미션을 완수하기 위해 이여랑이 살던 도성으로 간다.

이사사는 어렵게 찾은 이여랑 남편의 정체에 기가 막힌다. 한량에 외도도 모자라 부인에게 폭력도 서슴지 않는 최악의 불량 남편이었다. 드라마 〈닥터 차정숙〉에서 정숙(엄정화)의 남편도 완벽한 이중생활을 선보이며 주부들의 공분을 샀다. 자신보다 능력 있던 부인의 희생으로 사회적 지위를 누릴 수 있었음에도 감사함은커녕 외도로 낳은 혼외자까지 두고 있었다.

이여랑은 이전과는 다른 농염한 모습으로 남편 앞에 나타나 그를 애타게 만든다. 달라진 이여랑의 모습에 그는 좋은 남편인 척 연기한다. 게다가 기억마저 잃어 자신을 학대했다는 사실마저 모른다고 하니 더없이 좋다고 생각한다. 노래와 드라마 제목으로 큰 인기를 누렸던 '있을 때 잘해'라는 말이 있다. 옆에 있을 땐 소중함을 모르다가 어느 순간 필요한 존재임을 알게 될 때 이런 비유를 많이 하는데 정숙의 남편이나 이여랑의 남편에게 해당돼는 말이다.

이여랑의 남편은 그녀에게 잘 보이기 위해 그동안의 못된 행실을 적은 반성문과 집문서까지 넘긴다. 얼마 후 이여랑은 마을 사람들 앞에서 그의 악행을 고발하고 이혼을 통보한다. 마을 사람들은 자고로 남자가 여자를 버리는 거라며 남편의 악행에도 그의 편을 들고 나선다. "혼인은 두 사람의 일입니다. 행복하면 지속하고 불행하면 중지할 수 있어요. 그건 남자만의 특권이 아니에요. 불행한 혼인을 멈출 권리는 여자에게도 있어요. 이게 바로 평등이죠."

마을 사람들은 이여랑이 말한 평등에 코웃음친다. 같이 있던 여자들도 이여랑을 비난한다. 지금은 너무도 당연한 권리가 고대에는 아무도 이해 못 하는 말과 행동이었다. 이 모습을 지켜본 사람들 중 육경년만이 시대를 앞서가는 그녀의 생각에 호기심을 갖는다. 또한 육경년은 이여랑이 남편과 이혼할 수 있게 결정적 도움을 준다. 이로써 이여랑의 첫 번째 소원은 완수한 셈이다.

이사사 우교방 악공이 되다

　이사사는 이여랑의 정인을 찾기 위해 알아보다 육경년의 목뒤에 흉터가 있다는 것을 알게 되고 이를 확인하기 위해 우교방의 악공이 되기로 한다. 이사사는 육경년이 그 정인이라면 자신의 특기를 충분히 발휘해 그를 자기 남자로 만들 수 있다고 자신한다. 게다가 육경년에게는 정월 대보름 연주회에 수석 비파 연주자가 절실히 필요한 상황이다. 그러나 육경년은 결코 만만한 남자가 아니었다. 잘생긴 외모와 매너, 뛰어난 수단과 머리까지 갖추고 있어 도성 여인들에겐 선망의 대상이다. 지금으로 따지면 아이돌 못지않은 관심과 인기를 누리고 있으며 그도 만만치 않은 연애 고수였다. 두 사람은 서로를 불여우, 늙은 여우로 부른다.

　육경년은 우교방의 부사로 천하의 음을 모두 구분하는 절대음감의 소유자였다. 그는 악기에 진심이며 신분을 떠나 실력 있는 사람에게 기회를 주고 싶어 한다. 그러나 신분제 사회였던 현실은 귀족 집안의 자제들에게만 악공의 기회를 제공한다. 평소에 지니고 있던 이런 그의 신념은 이여랑이 이혼 과정에서 말한 평등의 의미를 이해하고도 남는다. 이사사와 육경년은 서로에게 필요한 존재였다.

이사사에게 육경년은 이여랑이 말한 은인으로 짐작 가는 남자고, 육경년에게 그녀는 정월 대보름 선발전에 꼭 필요한 실력 있는 비파 연주가다. 육경년은 정월 대보름 연주회에서 황제에게 실력을 인정받아 신분을 속이고 우교방 악공으로 있는 이들에게 진짜 악공 신분을 주고 싶어 한다. 그러기 위해선 이여랑이 비파 연주 실력이 절실히 필요했다.

이여랑은 뛰어난 실력으로 우교방의 비파 수석 자리를 차지한다. 육경년이 이여랑의 정인임을 확신한 이사사는 육경년과 혼인하기 위해 온갖 수단을 동원한다. 처음엔 분명 이여랑의 소원을 들어주고 현대로 돌아갈 생각에 육경년을 대하고 목적에만 집중한다.

그런데 알면 알수록 육경년은 바람둥이인 척하는 것일 뿐 사랑에 관해서는 쑥맥 중의 쑥맥이었다. 겉으론 바람둥이지만 알고 보면 순정남 그 자체였다. 이사사는 이런 그에게 더욱 매력을 느낀다. 그리고 어느 순간 그를 진심으로 사랑하게 된다. 남자에겐 느껴본 적 없던 감정인 서운함도, 다른 여자에게 잘해주는 모습에 질투도 한다. 맨날 남자들 속 태우던 사사는 자신이 그런 입장이 되자 정말 속이 터질 지경이 된다. 그리고 어느새 육경년이 이루고 싶은 꿈을 적극 지지하고 동참하며 그를 돕는다. 두 사람은 서로를 위해 목숨이 아깝지 않을 만큼 사랑하는 사이로 발전한다.

그가 없는 세계로 돌아오다

 뼛속까지 음악인이었던 사사도 정월 대보름 공연 준비에 최선을 다한다. 그러나 시간이 갈수록 사사는 몸에 이상함을 느낀다. 시공을 거슬러 온 육체가 점점 거부 반응을 일으키는 것이다. 그러다 육경년이 이여랑의 정인이 아님을 안 이사사는 낙담한다. 그러나 이미 육경년을 사랑하게 된 이사사는 다른 남자와 혼인하지 않기로 다짐한다. 이사사의 몸은 날이 다르게 쇠약해지며 몸의 형체가 사라졌다 나타나기를 반복한다. 사랑하는 사람이 자신의 죽음 이후에 힘들어하고, 따라 죽을까 봐 이사사는 모진 말로 그를 밀어낸다. 모든 사실을 안 육경년은 단 하루가 되더라도 그대와 함께하고 싶다고 한다.

 "나도 당신 곁을 떠나기 싫어요. 당신을 만나기 전에 난 한 남자에게 얽매이고 싶지 않았어요. 그런 건 구속이며 시간 낭비라고 여겼죠. 남녀 관계에 거부감이 컸는데 지금은 오히려 너무나도 기대돼요. 선택의 기회가 주어진다면 난 모든 걸 포기하더라도 당신과 함께 여생을 보낼 거예요. 내 운명은 바꿀 수 없어요. 남은 시간 동안 평민 악공의 미래를 위해서 최선을 다할래요. 당신의 꿈을 이룰 수 있다면 충분히 행복할 것 같아요." 그리고 육경년이 준비한 혼서로 두 사람만의 혼례를 치른다.

대보름 공연은 무사히 끝나고 이사사는 몸의 형체가 사라지며 고대에서 다시 비파 독주회 무대 위에서 눈을 뜬다. '당신은 이사사지만 이여랑이기도 해요.'라고 말한 것처럼 이사사는 불량 남편과 헤어지고 육경년과 진정한 사랑을 한 후 둘만의 혼례도 치른다. 이여랑이 바랬던 소원이 모두 이루어진 셈이다.

현대로 돌아온 사사는 육경년을 그리워한다. 이사사의 친구는 후배에게 뮤지컬 여주로 사사를 소개했다며 만나보라고 한다. 육경년과 똑 닮은 후배를 보며 사사는 놀란다. 뮤지컬 대본 내용이 자신이 고대에서 겪은 이야기와 똑같았으나 그럴 리 없다고 생각해 슬퍼하고 있는 사사를 향해 "불여우" 하며 그가 부른다. 육경년이 이번엔 현대로 타임슬립한 것이다. 두 사람의 간절함이 만들어 낸, 시공 초월 사랑 이야기 〈화조추월야〉다.

우리는 살면서 이런 말을 할 때가 있다. "쟤 임자 만났네." 사랑을 믿지 않던 이사사는 육경년이라는 임자를 만나면서 진정한 사랑을 경험한다. 목숨마저 걸어야 하는 사랑이었지만 이사사는 기꺼이 그 사랑에 자신을 던진다. 시공을 초월할 정도의 사랑을 한 이사사는 세상 무엇도 두렵지 않을 것이다. 이사사는 사랑하는 사람과 함께 여생을 보내는 것이 이 세상 가장 큰 행복이라고 말할 것이 분명하다.

14. 선 결혼, 후 연애

도화꽃 당신(玉面桃花总相逢)

당신을 좋아하면서
천천히 늙어가고 싶어
다음 생이 있다면
난 다시 세상에서 제일 예쁜
작약꽃을 지킬 거야

- 도화꽃 당신 中 -

선 결혼, 후 연애는 다소 진부할 수 있는 소재다. 고대의 결혼은 부모에 의해 집안끼리 맺어지는 것이어서 선 결혼 후 연애가 어쩌면 당연한 일이었다. 그런데 현대에도 이 클리셰가 책, 드라마, 영화에도 통한다. 완전무결 왕세자에서 쓸모없는 남자로 전락한 원득(도경수)과 생활력 갑인 홍심(남지현)의 좌충우돌 결혼 생활을 그린 〈백일의 낭군님〉도 인기리에 방영됐다. 선 결혼 후 연애라는 공식은 실패할 확률이 적다는 이유로 지금도 계속해서 만들어진다. 여기에 버금가는 소재가 계약 결혼이다. 〈도화꽃 당신〉은 이 두 가지 소재가 합쳐진 드라마이다.

금의환향, 허청가

 호가네 푸줏간 백정의 딸 호교와 할 줄 아는 거라곤 공부뿐인 허청가는 어릴 적 정혼한 사이다. 어떤 남자보다 힘이 세고 칼도 잘 다루는 호교는 가업인 푸줏간을 운영한다. 어느 날 연락이 끊겼던 허청가가 과거에서 차석으로 급제했다며 호교네로 찾아온다. 심드렁한 호교는 "허청가가 과거에 붙었으면 높은 분 따님과 혼인하겠죠." 일반적인 갈등의 시작은 뒷바라지 해준 여인이나 그녀의 집안을 배신하면서 시작되는 경우가 많다. 그러나 허청가는 달랐다. 과거의 인연과 은혜를 잊지 않은 의리남이었다.

백정이라고 호가네를 무시했던 마을 사람들은 관원 사위를 맞게 되는 그들을 이전과는 다르게 대한다. 신분제 사회에서 과거 급제 차석과 백정의 차이는 크다. 그런 사실을 알고서도 허청가가 호교를 찾았다는 건 이웃들에게 부러움과 질투의 대상이 되고도 남는다. 금의환향한 허청가를 반기는 가족들과 달리 호교는 그를 탐탁지 않게 여긴다.

자신보다 힘도 약하고 비실비실한 호청가가 마음에 들지 않은 것이다. 한편으론 허청가에 비해 배움이 부족한 자신에 대한 열등감도 자리하고 있었다. 호교는 어떡하든 이 혼인을 피하고 싶었다. 남자가 더 힘이 세야 한다는 핑계로 팔씨름에 이겨 망신 주고, 그가 가지고 있던 비녀를 빌미로 여자가 있다며 비난도 하지만 소용이 없었다.

호교에게 혼인 만큼은 돌아가신 어머니에게 영향을 받았다. 부유한 집안의 딸이었던 어머니는 가난한 서생인, 아버지와 혼인하고 싶어 했다. 그래서 두 번이나 강물에 몸을 던져서 부자에게 시집가야 하는 운명을 바꾸고 소원대로 아버지와 혼인했다는 것이다. 그래서 호교 자신도 어머니처럼 좋아하는 사람과 혼인해 원하는 삶을 살아가고 싶다고 한다. 허청가는 정해진 운명에 따르지 않고 자기만의 주관을 가진 호교가 마음에 든다.

삼 년의 계약 결혼

허청가와 호교는 혼인에 대한 서로의 생각을 허심탄회하게 말하는 시간을 갖는다. 문제 해결은 꾸미지 않고 솔직하게 이야기를 나누는 것만으로도 반은 해결된다. 허청가는 정혼도 약속이니 지켜야 하고, 은혜를 입었으니, 호교네 집 안에 닥친 어려움도 해결해 주고 싶다고 한다. 호교네는 허청가가 어릴 때 오갈 때 없어지자, 그를 받아주고 과거 시험 때까지 뒷바라지 해주었다.

무엇보다 큰 문제는 승상 딸과의 혼사를 마다하고 백정의 딸과 혼인하는 이야기가 황제의 귀에까지 들어갔다는 것이다. 만약 이 혼사가 이루어지지 않으면 자칫 군주기만 죄가 될 수도 있다는 것이다. 과거에 군주기만 죄는 목숨을 잃을 수도 있는 큰 죄에 포함된다. 호교는 현재 상황의 부당함을 말한다.

허청가가 승상 딸을 거절하고 백정의 딸과 혼인하는 건 미담으로 회자되고, 관리가 될 허청가를 거부한 자신은 불효녀에 대역죄인이 되었다는 것이다. 호교는 좋아하지 않는 남자와 혼인하기 싫을 뿐인데 집안 문제에 황제까지 엮여 있다니 도저히 해결의 기미가 보이지 않는다. 이래저래 혼인을 피하기는 어렵게 된 호교는 모두를 위해 허청가에게 삼 년 동안의 계약 결혼을 제안한다.

계약 결혼하면 가장 먼저 떠오르는 사람들이 있다. 바로 세기의 커플 사르트르와 보브아르이다. 이들이 살던 시대도 가족이 결혼의 주체였던 시대라고 하는데, 자신들의 자유와 사랑을 동시에 갖기 위해 다소 파격적인 계약 결혼을 한 것이다. 사르트르와 보브아르의 계약 결혼 내용 중 '서로 사랑하고 관계를 지키는 동시에 다른 사람과 사랑에 빠지는 것을 서로 허락한다는 데 동의한다.'라는 내용도 있다고 한다. 남자와 여자의 열정적 사랑의 기간이 최대 900일이라고 하는데 이를 염두에 두고 이런 계약 내용을 만든 것일까? 허청가와 호교의 계약 결혼 기간이 3년인 것은 우연이 아님을 짐작하게 한다.

허청가는 호교가 미리 써달라고 한 이혼장을 쓰면서 마음이 착잡하다. 그래도 과거 차석다운 문장으로 이혼장을 작성하기로 한다. '아내 호교와 남편 허청가는 전생의 인연으로 부부로 맺어졌으나 두 사람의 마음이 달라 함께할 수 없으니 이제 각자의 갈 길로 돌아가려고 하네. 그대 부디 귀밑머리와 눈썹을 매만져 고운 모습으로 단장하고 그간 맺힌 매듭을 풀고 더는 미워하지 않기를 이렇게 헤어지더라도 좋은 사람 만나길 바라며 두 사람의 헤어짐을 이 글로써 증명한다.'

 많은 회차를 방영한 〈부부클리닉 사랑과 전쟁〉을 누구나 한 번쯤은 봤을 것이다. 이혼 위기에 처한 부부들의 사연들을 보면서 세상엔 별별 일이 많다는 생각도 했을 것이다. 이 드라마를 보면 이혼은 말 그대로 전쟁과 다름없다. 서로에게 상처 주기 위해 결혼해서 살다가 헤어지는 것처럼 끝을 보는 경우가 다반사다. 그에 반해 허청가가 쓴 이혼장의 내용은 비록 헤어지더라도 상대가 잘 되길 바라는 마음이 고스란히 드러나 있다.

새로운 시작

 혼례를 치른 허청가와 호교는 남편의 부임지로 서둘러 출발한다. 허청가와 호교는 새로운 곳에서 신혼 생활을 시작한다. 관리들의 부부 동반 모임에서 부인들은 호교가 백정의 딸이라며 무시하지만, 그녀는 기죽지 않고 오히려 당당하게 행동한다. 호교는 이제껏 잘 먹고, 잘 산 건 건 집안의 가업 때문이라 여긴다. 그래서 부끄럽거나 기죽을 이유가 없는 것이다. 더욱이 지금은 관리인 남편 허청가의 부인으로 모임에 참석한 것이기 때문에 더더욱 그렇다.

호교는 허약한 선비로만 생각했던 허청가가 위기 앞에서 자신을 보호하는 모습에 호감이 생긴다. 또한 백성들을 진심으로 생각하며 청렴한 관리의 모습을 가진 허청가를 달리 보기 시작한다. "이게 좋아하는 건지는 몰라도 어쨌든 진심으로 존경하고 있어요." 호교는 허청가에 대한 마음을 조금씩 키워 간다. 서로의 마음을 표현한 적 없는 두 사람은 호교가 자신을 존경한다는 사실을 알았다면 허청가는 어떤 반응을 보였을까? 선비 허청가에겐 어쩌면 좋아한다는 말보다 자신을 존경한다는 말에 감동하고 기뻐했을 수 있다.

호교는 허청가에 비해 배움이 부족한 자신을 인정하며, 혼례를 치르자마자 몰래 공부했다는 말도 한다. 먼저 계약 결혼을 제안했지만, 호교는 이미 허청가에게 신경을 쓰고 있었다. 남편에게 어울리는 부인이 되기 위해 자신의 부족한 점을 채우려고 노력하는 호교는 일등 신부다.

한편 허청가가 옥낭이라는 여인을 첩으로 들이려는 줄 오해한 호교는 질투심에 이혼을 선언한다. 어쩔 줄 몰라 하던 허청가는 호교가 샌님인 자기를 떠날까 봐 비법을 묻다가 생긴 오해라며 그제야 마음을 솔직히 고백한다. 그동안 두 사람은 서로가 서로에게 부족한 사람일까를 걱정하며 조심스러워했었다. 연인들의 흔한 헤어짐은 문제의 원인을 상대에게 찾는 경우가 많은데 이들은 반대로 자신에게서 찾은 것이다.

허청가가 부임한 지역은 비리와 음모가 가득한 것이었다. 호교는 비리를 파헤치는 허청가를 여러 번 도와준다. 둘은 서로의 부족한 부분을 채워주며 환상의 커플이 되어 간다.

호교, 어머니가 되다

로맨스 드라마나 영화에서 두 사람의 관계를 진전시키는 매개체는 대부분 상대에게 호감을 느낀 이성이 나타났을 때다. 앞에서 옥낭과의 에피소드가 없었다면 호교는 허청가를 좋아하고 있었다는 사실도 깨닫지 못했을 것이다. 부임지의 비리 척결에 결정적 도움을 준 사람은 녕왕이었다. 녕왕은 죽은 아내와 닮은 호교에게 관심을 보인다.

허청가는 권력자인 녕왕이 호교에게 남다른 관심을 보이자, 불안해한다. 그러나 호방하고 유머가 넘치는 녕왕은 죽은 아내밖에 없다며 걱정하지 말라고 한다. 녕왕은 허청가에게 호랑이 같은 아내를 길들이는 네 가지 비법과 아내를 달래는 삼십육계도 전수해 주겠다고 한다. 허청가는 간절한 마음으로 가르침을 달라고 한다. 녕왕은 아내 훈계하기, 사랑의 매 그러나 그 비법들은 녕왕이 과거 자신의 아내에게 하고 싶었던 바람들 뿐이었다. 밖에서 이야기를 듣고 있던 호교는 허청가에게 쓸데없는 걸 가르친다며 녕왕을 쫓아내 버린다. 신분제 사회에서 권력자인 녕왕을 쫓아낼 수 있다니, 호교는 정말이지 겁이라고는 없는 호랑이 부인이 맞는 것 같다.

어느 날 녕왕은 아들을 잠시 맡아달라며 허청가 부부를 찾아온다. 녕왕은 말썽꾸러기 아들인 소패를 맡기면서 자신의 신분을 의식하지 말고 확실하게 가르쳐 달라고 한다. 아이를 길러 본 적 없는 허청가 부부는 난감했지만, 녕왕의 부탁이라 어쩔 수 없었다. 소패는 예의범절이라고는 모르는 악동 중의 악동이었다. 어미가 없다는 안쓰러움과 아버지 신분으로 인해 귀하게만 자란 소패는 누구도 안중에 없었다. 그러나 호교는 소패의 신분을 신경 쓰지 않고 그를 훈육한다. 소패는 자신의 신분과는 상관없이 진심으로 대하는 호교에게 마음을 연다.

호교는 어느날 소패에게 가난하고 힘겹게 사는 사람들의 모습을 보여준다. 단지 우리가 운이 좋은 것일 뿐, 모든 사람이 운이 좋은 게 아님을 알려준다. 소패 주변의 어른들은 그에게 좋은 것만 보여주려 했을 것이다. 소패는 태어나 처음으로 먹고, 입고, 사는 일이 얼마나 감사한 일인지 알게 된다.

소패는 바로 호교를 스승으로 인정하고 예의 바르게 행동한다. 시장에 같이 간 소패는 호교에게 우리 둘이 잘 맞는 것 같다며 자기 동생이 되면 어떤지 묻는다. 호교가 자신은 숙모라고 하자 그럼, 누나라고 부른다며 살갑게 군다. 호교는 악동이었던 소패를 양육하면서 나중에 태어날 아이를 위한 어머니 역할을 미리 경험한다. 모든 이야기의 행복한 결말은 결혼해서 아이 낳고, 잘 먹고, 잘 살았다는 내용이다. 〈도화꽃 당신〉에서도 호교와 허청가는 서로에게 필요한 존재임을 확인하며 다음 생도 다시 만나길 약속하며 사랑을 확인한다.

드라마, 영화에서의 선 결혼 후 연애는 처음엔 어떤 목적이나 애정 없는 관계에서 시작했다 사랑으로 발전하는 내용이 대부분이다. 그러나 고대에는 부모의 뜻에 따라 결혼하는 경우가 일반적이었다. 그때의 많은 커플이 우리가 바라듯이 낭만적으로 사랑의 결실을 맺었을까? 개인의 의사에 따른 자유연애가 지배적인 현대에도 드물게는 계약 결혼이나 집안 간의 결혼도 있다. 예를 들면 이른바 상류층이나 재벌가 또는 정치가 가문 등이 있을 수 있다. 가진 것을 지키기 위한 혹은 더 크게 확장 시키기 위한 선택이다.

 호교 어머니와 호교가 원했던 결혼의 의미는 좋아하는 사람과 마음이 맞아 일생을 별 탈 없이 사는 것이다. 간혹 닥치는 고난이나 어려움쯤은 두 사람이 손잡고 헤쳐 나가면 그만이다. 그래서 외적인 조건이 아닌 서로가 좋아하는 마음과 신뢰가 선행되어야 그 결혼이 의미를 가지는 것이다.

[부록] 드라마 기본 정보

■ **성한찬란**

2022. 07. 05.

56부작

장르: 로맨스, 미스터리, 가족, 출생의 비밀

We TV

정소상은 전쟁으로 인해 부모님이 아닌 할머니 곁에 남았다. 그녀는 살아남기 위해 겉으론 빈둥거리는 척하며 몰래 열심히 공부하고 실력을 숨기면서 부모님이 돌아오길 기다린다. 릉불의를 만나면서 우연히 릉불의의 가정사와 미스터리한 출생의 비밀에 휘말리게 됐다. 여러 가지 사건에 공을 많이 세웠으며 릉불의의 가정을 통해 부모님과 지내는 방법 사랑하는 법을 배웠다.

■ **녹비홍수**

후난위성 TV

2018. 12. 25. ~ 2019. 02. 13

73부작

북송 관리 성씨 가문의 여섯 번째 딸 성명란의 애정, 혼인 후의 이야기

■ 금심사옥

텐센트 TV

2021. 02. 26. ~ 2021. 04. 13.

45부작

가문의 서녀로 태어나 많은 설움을 겪은 '나십일랑'은 뜻하지 않게 상처한 대장군, 영평후 '서령의'의 정실부인으로 서씨 가문에 입성하게 된다. 그녀는 남편의 사랑을 얻기 위해 경쟁하거나 그의 영광을 함께 누리는 욕심을 부리지 않고 자신의 본분을 다하기로 다짐한다.

■ 대명풍화

후난위성 TV

2019. 12. 17 ~ 2020. 01. 23

64부작

여인 손약미는 아버지의 원수를 갚는 것을 포기하고 명나라 황태손 주첨기에게 시집을 가서 그를 도와 총명하고 지혜로운 자질과 재능을 발휘해 위기에 명 왕조를 구해내는 이야기.

■ 몽화록

2022. 06. 02

40부작

장르: 로맨스

중국 텐센트 TV

전당에서 찻집을 하던 조반아는 약혼자 구양욱이 고위 관리의 딸과 혼인한다는 소식을 듣고 큰 충격을 받는다. 도저히 약혼자의 배신을 받아들일 수 없었던 그녀는 약혼자로부터 해명을 듣기 위해 상경한다. 하지만 도중에 커다란 사건에 휘말리고 권문세가 출신의 곧고 바른 성정을 지닌 황성사 지휘사 고천범과 인연을 맺게 된다.

■ 경경일상

2022. 11. 10

40부작

장르: 로맨틱코미디, 퓨전사극, 성장

아이치이

먼 곳에서 온 여자아이들이 인연을 만나고자 신천에 모인다. 재능을 숨기고 사는 신천의 육소주 윤쟁은 인연 선발에서 탈락하려 노력하지만, 고향에서 편하게 살던 이미와 예상 밖의 인연을 맺는다. 상반된 두 사람은 함께 새로운 삶을 시작하며 어울리게 된다. 윤쟁은 과거에 응시하여 조정에 진출하고 두 사람은 의기투합하여 춘하추동 삼시 세끼를 함께 하고 다양한 성격의 형제자매들과 함께 성장하며 훈훈한 일상을 나눈다.

■ **당가주모**
iQiyi
2021. 11. 08. ~ 2021
35부작
비단을 둘러싸고 벌어지는 치열한 사랑 이야기

■ **언어부**
2022. 02. 05
34부작
장르: 로맨스, 퓨전사극, 수사
We TV
추부의 가장 사랑을 받지 못하는 큰 아가씨 추언이 자신의 노력과 지혜로 규방에서 나와서 진상을 알기 어려운 사건을 조사하기 시작하였다. 이러저러 어려움을 겪지만 차가운 표정을 지니고 그녀

가 간사한 왕 양익과 함께 동반하여 지혜와 용기를 겨루고 드디어 행복과 사랑을 받았다는 이야기

■ 풍기예상

중국 후난위성 TV

2021. 01. 27 ~ 2021. 02. 27

45부작

당나라 정관 연간 황실 의상을 만드는 궁인으로 '천하제일침'의 칭호를 하사 받은 명장 안 씨는 제자 탁금랑의 모함으로 죽는다. 그녀의 딸 고적유리는 손덕성의 손에서 자라 방역을 담당하는 궁인으로 살게 된다. 성년이 되어 출궁을 앞둔 고적유리는 배행검의 도움으로 위기를 모면하고, 둘은 특별한 인연을 이어간다. 어머니의 누명을 밝히려는 고적유리. 그리고 당 태종의 병환으로 조정에는 피바람이 불어온다.

■ 군구령

중국 youku

2021. 09. 07 ~ 2021.

40부작

신분을 숨긴 채 복수를 다짐하는 구령 공주의 이야기

■ **춘가네 변호사**

AsiaN

20부작

장르: 로맨스, 수사

고대 제일의 송사(변호사)가 되기 위한 춘도미의 성장기

■ **주생여고**

2021. 08. 18.

24부작

장르: 로맨스, 퓨전사극

아이치이

남진왕 주생진은 평생 나라를 위해 충성을 다하기로 다짐했다. 명문 최씨 가문의 외동딸 최시의는 미래의 태자비가 될 예정이었는데 왕가에 머물며 예술을 배우게 된다. 그녀는 주생진의 원대한 포부와 우아한 성품에 감탄하여 그를 사랑하게 되었다. 국경에 위기가 닥치자 주생진은 군사를 이끌고 출전할 수밖에 없었고, 최시의도 태자와 결혼해야 한다,

■ 화조추월야

2022. 06. 15.

24부작

망고 TV

수석 비파 연주자 이사사는 무대에서 연주 중 봉경 비파에 이끌려 천 년 전으로 떠나 남편에게 버림받은 비파 연주자가 되고 만다. 거리를 떠돌던 이사사는 우교방을 방문하게 되고 관리자인 육경년을 만난다. 처음에 두 사람은 서로를 떠보며 견제하지만, 훌륭한 비파 연주로 이사사는 육경년의 눈에 들게 된다. 연주팀을 만들어 가는 도중 감정도 더욱 꽃 피게 된다.

■ 도화꽃 당신

2022. 04. 01

후난위성 TV

36부작

허청가는 어려서 부모님을 잃고 열심히 공부해 과거에 급제한다. 승상의 혼담까지 거절하고 호교와 혼인하려 한다. 전형적인 선비 허청가와 백정의 딸 호교의 선결혼 후 연애 스토리이다.